国学问答

国学语丝丛书

黄筱兰 张景博

编著

中央编译出版社
Central Compilation & Translation Press

图书在版编目 (CIP) 数据

国学问答 ／ 黄筱兰，张景博编著．
—北京：中央编译出版社，2017.11
ISBN 978-7-5117-3450-1

Ⅰ. ①国…
Ⅱ. ①黄… ②张…
Ⅲ. ①国学－问题解答
Ⅳ. ① Z126-44

中国版本图书馆 CIP 数据核字 (2017) 第 275144 号

国学问答

出 版 人：葛海彦
出版统筹：贾宇琰
责任编辑：谭　洁　韩慧强
责任印制：刘　慧
出版发行：中央编译出版社
地　　址：北京西城区车公庄大街乙 5 号鸿儒大厦 B 座 (100044)
电　　话：(010) 52612345（总编室）　　(010) 52612368（编辑室）
　　　　　(010) 52612316（发行部）　　(010) 52612346（馆配部）
传　　真：(010) 66515838
经　　销：全国新华书店
印　　刷：河北下花园光华印刷有限责任公司
开　　本：880 毫米 ×1230 毫米　1/32
字　　数：130 千字
印　　张：5.75
版　　次：2017 年 12 月第 2 版
印　　次：2017 年 12 月第 1 次印刷
定　　价：25.00 元

网　　址：www.cctphome.com　　　邮　箱：cctp@cctphome.com
新浪微博：@ 中央编译出版社　　　微　信：中央编译出版社（ID：cctphome）
淘宝店铺：中央编译出版社直销店 (http://shop108367160.taobao.com) (010) 55626985

本社常年法律顾问：北京市吴栾赵阎律师事务所律师　闫军　梁勤
凡有印装质量问题，本社负责调换，电话：(010) 55626985

目录 CONTENTS

第一编　总　论

1　　1.1　试述治国学之方法

2　　1.2　学术史所必具之要件有几

2　　1.3　中国之有学术史自何书始

2　　1.4　哲学史之种类有几

3　　1.5　诸子百家朋起之原因

3　　1.6　李唐以前概为词胜时代其原
　　　　　因安在

3　　1.7　汉学及宋学之分别

4　　1.8　各朝学术特质之见于治术者
　　　　　为何

4　　1.9　汉唐宋清对于经术之特质为何

4　　1.10　汉武帝罢黜百家于学术思想界
　　　　　有何影响

4　　1.11　两汉学术趋向复古其原因为何

5　　1.12　西汉重经学东汉尚气节其流弊
　　　　　为何

5　　1.13　汉代整理文化之事业有几

5　　1.14　东晋自郭璞葛洪而后文学顿衰
　　　　　之原因

6　　1.15　南北朝风尚学术之比较

6　　1.16　唐代文学发达之原因

目录 CONTENTS

7　1.17　宋代理学发生之原因及其派别

7　1.18　清代学问之范围共分几派

7　1.19　清代科学之发展

8　1.20　试述清代学术思想变迁之大势

8　1.21　清儒治学之方法

9　1.22　清代汉学家之真精神

9　1.23　校勘之方法共有几种

11　1.24　清代学者对于古书之整理

11　1.25　试述四库全书之编纂

12　1.26　清代藏书及刻书之风气

13　1.27　今四库中所存古类书之重要者

　　　　　为何

13　1.28　别集与总集之分别

14　1.29　经学与史学有何关系

第二编　经　学　15　2.1　何谓经学

15　2.2　何谓谶纬学

16　2.3　试述五经六经七经九经十经

　　　　　十二经十三经十四经之说

17　2.4　试将汉初五经之传统列一表格

18　2.5　十三经之注疏人为谁

目录 CONTENTS

18　2.6　试述八卦象之起源

19　2.7　何谓三易

19　2.8　易经之作者为谁

19　2.9　何谓十翼

20　2.10　近人多疑序卦说卦杂卦三篇为

孔子所作有何证据

20　2.11　何谓易含三义

20　2.12　周易之根本思想安在

21　2.13　试述周易发展之次第

21　2.14　试述周易之传统

21　2.15　何谓易纬

22　2.16　何谓尚书

22　2.17　今文尚书与古文尚书之区别

22　2.18　尚书之传统

23　2.19　尚书之体例

23　2.20　尚书共有多少篇其真本二十八

篇之篇名为何

24　2.21　洪范之由来

24　2.22　何谓九畴试表出之

25　2.23　汉儒对于洪范五行之附会

25　2.24　洪范九畴之根本思想

目录 CONTENTS

26　2.25　六经莫备于尚书试引伸其义

26　2.26　书教之意义若何

27　2.27　诗经之来源

27　2.28　何谓诗之六义

28　2.29　何谓诗之四始

28　2.30　何谓风雅之正变

28　2.31　试述诗经之传统

29　2.32　诗序为何人所作

29　2.33　何谓十五国风及二雅三颂

29　2.34　试述周南与召南之旨意

30　2.35　试述三礼之始

30　2.36　周礼仪礼各为何人所作

30　2.37　周礼共若干篇六官何名

31　2.38　周礼在东洋法制史上之价值

31　2.39　周礼与仪礼之区别

32　2.40　试述仪礼今古文之说

32　2.41　仪礼共有若干篇

32　2.42　礼记为何人所作

33　2.43　大学及中庸何时离礼记而独立

33　2.44　何谓大小戴礼记

33　2.45　三礼之传统

目录 CONTENTS

34　2.46　孔子作春秋之主旨安在

34　2.47　春秋之特点

34　2.48　何谓春秋三传

35　2.49　何谓齐学鲁学何谓内传外传

35　2.50　春秋何以有三传之作三传为古
　　　　　　文否

35　2.51　公羊穀梁二传是否为公穀所
　　　　　　自撰

36　2.52　三传优劣之比较

36　2.53　历代治穀梁学者为谁

36　2.54　论语为何人所作

37　2.55　何谓三种论语

37　2.56　试述孝经今古文之分

37　2.57　孝经为何人所作

37　2.58　试述孟子之略传

38　2.59　孟子一书何时列入十三经

38　2.60　读孟子宜注意之点为何

39　2.61　何谓尔雅

39　2.62　汉代最著之儒学家为谁各著
　　　　　　何书

40　2.63　三国时之儒学家为谁

目录 CONTENTS

40　2.64　汉代与三国对于经学崇尚之异同

40　2.65　两晋时对于经学之崇尚如何

41　2.66　南北朝之儒学家为谁

42　2.67　南北朝之学风分为两派其崇尚有何不同

42　2.68　魏晋清谈形成之原因

42　2.69　隋代之儒学家为谁

43　2.70　试述隋代治经之情形

43　2.71　唐代儒学家治经之情形如何

43　2.72　汉唐经说之差异安在

45　2.73　试列一汉唐经说变迁表

46　2.74　宋代儒学发达之原因

46　2.75　宋学之特色

47　2.76　宋代儒学家为谁各著何书试表出之

48　2.77　何谓永嘉学派

48　2.78　元代儒学家为谁

49　2.79　试将明儒之派别表出之

50　2.80　明末五儒为谁各有何著述

50　2.81　清代学术思想发达之根本原因

目录 CONTENTS

51　2.82　清儒之研究精神因环境之冲动
所趋之方面

51　2.83　清代学术可分几期

51　2.84　清代经学之派别

54　2.85　清代汉学家及宋学家之著者
为谁

54　2.86　顾亭林在清代学术界之位置

54　2.87　何谓考证学何以清朝独盛

55　2.88　考证学之方法分几种

55　2.89　关于考证学之名著为何

57　2.90　康有为新学伪经考之要点及其
影响

58　2.91　康有为孔子改制考之要点

58　2.92　康有为大同书之要点

第三编　小　学　　**60**　3.1　何谓小学并述其范围

60　3.2　小学为文学之本试引伸其义

60　3.3　治小学之方法为何

61　3.4　何谓六书并举例说明之

61　3.5　形声之区分安在

62　3.6　试述中国文字之变迁

目录 CONTENTS

62　3.7　何谓秦八体

62　3.8　何为新六书

63　3.9　籀书史篇大篆及石鼓文有区
　　　　别否

63　3.10　何谓小篆为何人所作

63　3.11　小篆八体为何

64　3.12　何谓三仓

64　3.13　何谓隶书为何人所作

64　3.14　草书始于何时

64　3.15　章草为何人所作

65　3.16　八分书为何人所作

65　3.17　楷书为何人所作

65　3.18　何谓章程书

65　3.19　行书为何人所作

66　3.20　飞白体为何人所作

66　3.21　今草为何人所作

66　3.22　说文为何人所作共有若干字
　　　　若干部

66　3.23　说文解字所收字体共有若干

67　3.24　训诂之学起于何时

67　3.25　明训诂之方法为何

目录 CONTENTS

67　3.26　小尔雅及广雅各为何人所作

68　3.27　方言为何人所作

68　3.28　释名为何人所作

68　3.29　白虎通为何人所作

68　3.30　反切之法始于何时何人

69　3.31　何谓四声起于何时

69　3.32　辨别四声之方法为何

69　3.33　何谓永明体

69　3.34　何谓大徐本何谓小徐本

70　3.35　古韵之学倡自何人继起者为谁

70　3.36　试述音韵学之派别

70　3.37　研究声韵之书以何书为最古

70　3.38　双声与叠韵之区别

71　3.39　双声叠韵与反切有何关系

71　3.40　声母共有若干创自何人

71　3.41　清代治小学者为谁

71　3.42　清代治文字学者何人各著何书

72　3.43　清代治音韵学者何人各著何书

72　3.44　清代治训诂学者何人各著何书

72　3.45　钱大昕对于音韵学上之供献
　　　　　为何

目录 CONTENTS

73　3.46　戴段二王为谁

74　3.47　何谓王氏四种

第四编　史　学　　**75**　4.1　历史之体例共有若干种

75　4.2　何谓正史

76　4.3　何谓编年体

76　4.4　编年体之利弊

76　4.5　何谓纪传体

77　4.6　纪传体之利弊

77　4.7　何谓纪事本末体

77　4.8　纪事本末体之优点

78　4.9　试述通史之利弊

78　4.10　试述左传之特色

78　4.11　公穀二传之缺点

79　4.12　试述世本之特点

79　4.13　廿四史各为何人撰述

80　4.14　廿四史之读法

80　4.15　何谓前四史

81　4.16　试述史记之内容

81　4.17　史记之特色

82　4.18　何谓断代史始于何时何人

目录 CONTENTS

82　4.19　断代史之缺点为何

82　4.20　汉书之内容如何

83　4.21　汉书之特色

83　4.22　史记汉书之比较

83　4.23　史记汉书之注疏为谁

84　4.24　后汉书之内容如何

84　4.25　汉纪之体例为何

84　4.26　仿汉纪之体例而作者有何书籍

85　4.27　试述三国志之概略

85　4.28　魏晋关于古史之发明有何书籍

85　4.29　两晋及南北朝之史学著作为何

86　4.30　宋书之梗概

86　4.31　南齐书之梗概

86　4.32　梁书与陈书之梗概

86　4.33　晋书之梗概

87　4.34　魏书之梗概

87　4.35　刘知几对于史学之主见

88　4.36　北齐书之梗概

88　4.37　周书之梗概

88　4.38　隋书之梗概

88　4.39　南北史之梗概

目录 CONTENTS

89	4.40	唐书何以有新旧之分
89	4.41	新旧唐书之比较
89	4.42	五代史何以有新旧之分
89	4.43	新旧五代史之比较
90	4.44	资治通鉴系何人所纂其体制如何
90	4.45	南宋史学家为谁各著何书
91	4.46	资治通鉴纲目为何人所撰
91	4.47	宋史之梗概
91	4.48	辽史之梗概
92	4.49	金史之梗概
92	4.50	元史之梗概
92	4.51	明朝关于史学之著述为何
93	4.52	明史之梗概
93	4.53	清代关于史学之著作为何
94	4.54	新元史之梗概
94	4.55	清史之梗概
94	4.56	何为三通其内容如何
95	4.57	通典通志通考之比较
95	4.58	何谓九通
95	4.59	五纪事本末各为何人撰述

目录 CONTENTS

96　4.60　史籍之注释分几种

96　4.61　关于史籍之考证有何著述

96　4.62　史评分几种试略述之

97　4.63　文史通义之大意为何

97　4.64　六经皆史之说起于何时

98　4.65　历代读史最精者为谁

98　4.66　读史方舆纪要之体制如何

98　4.67　马骕绎史之价值

98　4.68　春秋大事表之体制如何

99　4.69　试述廿二史札记之价值

第五编　子　学　**100**　5.1　何谓子学

100　5.2　子书与经学之关系

100　5.3　诸子别为几家又何谓九流

101　5.4　试述诸子之派别

101　5.5　试述诸子之渊源

101　5.6　试述儒杨法道墨名各家之中心
　　　　　 人物

102　5.7　诸子百家之书传于今者为何

102　5.8　何谓六家要旨

102　5.9　儒家之要旨

目录 CONTENTS

103	5.10	道家之要旨
103	5.11	阴阳家之要旨
103	5.12	法家之要旨
103	5.13	名家之要旨
104	5.14	墨家之要旨
104	5.15	纵横家之要旨
104	5.16	杂家之要旨
104	5.17	农家之要旨
105	5.18	小说家之要旨
105	5.19	略述孔子之事迹及其学说
106	5.20	试述老子略传及其著书
106	5.21	老子之人生哲学
106	5.22	老子之政治哲学
107	5.23	老子哲学思想之由来
107	5.24	老子之注释及参考书
108	5.25	杨朱之略传及著书
108	5.26	杨朱之人生哲学
109	5.27	杨朱极端放逸之原因
109	5.28	杨子学说不流传之原因
110	5.29	列子为何人撰述
110	5.30	庄子略传及著书

目录 CONTENTS

111　5.31　庄子之人生哲学

111　5.32　庄子与墨子名学之不同

111　5.33　庄子之注释及参考书

112　5.34　老庄杨三家根本相同之点

112　5.35　荀子之略传及著书

112　5.36　荀子之性恶说

113　5.37　孟荀性论所以不同之点

113　5.38　墨子略传及著书

114　5.39　墨子是否为宗教家

115　5.40　"兼"和"别"之分别

115　5.41　何谓钜子

115　5.42　墨子之兼爱说

116　5.43　墨家传授之派别

116　5.44　惠施之历物十事为何

117　5.45　公孙龙子之白马非马论

117　5.46　公孙龙子之坚白论

118　5.47　辩者二十一事为何

119　5.48　墨学灭亡之原因

120　5.49　研究墨学宜读何书

120　5.50　管子之略传及著书

120　5.51　管子之三纲领三本四固五事为何

目录 CONTENTS

121	5.52	申不害之略传及著书
121	5.53	商子之略传及著书
121	5.54	商子之富国强兵策为何
122	5.55	管子之内治为何
122	5.56	韩非子之略传及著书
123	5.57	淮南子为何人撰述
123	5.58	颜氏家训政辅本末金楼子各 为何人所撰
123	5.59	孙子太公阴符鬼谷子各为何人 所撰
123	5.60	太玄经及法言为何人撰述
124	5.61	何谓七略
124	5.62	论衡潜夫论抱朴子各为何人 所著
124	5.63	隋唐二代子学之情形若何
125	5.64	宋元明三代之学之情形若何
125	5.65	清代子学之情形若何
125	5.66	清姚际恒著古今伪书考所指 子部伪者为何
126	5.67	诸子平议及子思子为何人所著述
126	5.68	清光绪以后精于诸子学者何人

目录 CONTENTS

第六编　文　学　　**127**　6.1　何谓文学

127　6.2　文学之分类法

128　6.3　歌谣之起源

128　6.4　试述上古之文学之变迁

129　6.5　三百篇中以四言诗为定式间有
长短错落不拘者试举例证明之

129　6.6　春秋战国时文学发达之原因

130　6.7　儒家之文学

130　6.8　道家之文学

130　6.9　法家之文学

131　6.10　纵横家之文学

131　6.11　墨家名家兵家杂家农家之文
如何

131　6.12　词赋之起源

132　6.13　文体原出于经试分述之

132　6.14　试述诗体之变迁

132　6.15　何谓乐府始于何时立于何时

133　6.16　古诗十九首为何人所作

133　6.17　两汉最著之文学家为谁

133　6.18　两汉文学之比较

133　6.19　试述文景时之词赋家

目录 CONTENTS

134 6.20 试述武帝时之词赋家

134 6.21 汉武帝时文学极盛其原因安在

135 6.22 汉武帝时之散文作家为谁

135 6.23 词赋之变为排偶始于何时

135 6.24 扬雄班固张衡之文如何

136 6.25 建安七子为谁其诗文如何

136 6.26 古今赋体分若干种

137 6.27 两晋之文学家为谁

137 6.28 南北朝之文学家为谁

137 6.29 律诗及四声八病之说创自何人

137 6.30 北朝文学之三变

138 6.31 何谓元和体宫体又诗之和韵
          起于何时

138 6.32 试述唐文之三变

139 6.33 唐代小说之概况

139 6.34 乐府之变为长短句在何时

140 6.35 宋代文学家为谁试表出之

141 6.36 唐宋八大家十大家之说

141 6.37 八家之文如何

141 6.38 试述韩柳欧曾苏王得力之处

142 6.39 宋初之诗分三派各为何

目录 CONTENTS

142　6.40　苏黄之诗如何

142　6.41　南宋之诗人

142　6.42　北宋之词家

143　6.43　南宋之词家

143　6.44　宋代小说概况

144　6.45　试述南北词不同之点

144　6.46　何谓金院本

144　6.47　元代南北曲之分别及其创作

145　6.48　元代戏曲家为谁各有何著作

145　6.49　元曲之价值

146　6.50　小说与传奇之分别

146　6.51　元代小说发达之原因

146　6.52　元代四大杰作为何

147　6.53　何为小说中之四大奇书与唐
　　　　　宋小说有何不同

147　6.54　明代前七子与后七子各为谁

147　6.55　何谓台阁体

147　6.56　何谓公安体竟陵体

148　6.57　明代之戏剧及小说

148　6.58　清代文学兴盛之原因

148　6.59　清代词理并盛之原因

目录 CONTENTS

149 6.60 清初古文家为谁

149 6.61 桐城派与阳湖派之梗概

150 6.62 桐城派之方式和禁忌

150 6.63 方望溪刘海峯姚姬传之文如何

150 6.64 古文辞类纂之选辑法

150 6.65 古文辞类纂之分类法

151 6.66 试述古文辞类纂之价值

151 6.67 曾文正公所选十八家诗钞为谁

152 6.68 何谓湘乡派

152 6.69 经史百家杂钞为何人所选且
依何标准

152 6.70 清代之骈文家为谁

153 6.71 清初之诗家为谁

153 6.72 乾嘉以后之诗家为谁

153 6.73 清人所选之诗文集以何者为
最善

154 6.74 试述清代之戏曲

154 6.75 中国戏曲有何特色

154 6.76 清代之小说著述

155 6.77 清代杂记体之小说为何

156 编者赘言

第一编　总　　论

1.1　试述治国学之方法

（一）辨书籍之真伪——研究国学之方法，第一先要辨别书籍之真伪。如《越绝书》为汉袁康造，《飞燕外传》、《汉武内传》为宋人伪造，而列入"汉魏丛书"。《文子》、《列子》为晋人伪造，《孔丛子》、《孔子家语》为三国王肃造，《太公阴符经》为唐李筌造。

（二）通小学——韩愈云："凡作文章，宜略识字。"故研究国学，非通小学不为功。研究小学有三法：第一通音韵（《音韵学》），第二明训诂（《尔雅》），第三辨形体（《说文》），必如此始不至犯意误，音误，形误之弊。

（三）明地理——因胜败有关乎形势，故非明地理不可。此议论之地理，乃地文，地质，地志而言也。譬如诸葛亮五月渡泸一事，按泸水即金沙江，五月渡泸乃在四川宁远县，后因唐代在四川置泸州，后人遂以为五月渡泸即在此地。其实相去千里，岂非大错，此即不明地理所生之谬误也。

1.2   学术史所必具之要件有几

（一）叙一时代之学术须将其时代之重要各学派，全数网罗，不可以爱憎为去取。

（二）叙某家学说，须将其特点提挈出来，令读者得一明晰之观念。

（三）要忠实传写各家真相，不可以主观上下其手。

（四）要把各人之时代和他一生之经历大概叙述，以看出那人之全人格。

1.3   中国之有学术史自何书始

中国之有完美学术史，自清代黄梨洲之《宋元学案》、《明儒学案》始。《明儒学案》六十二卷，为黄氏一手著成。《宋元学案》则梨洲发凡起例，仅成十一卷而卒。经其子及全谢山两次补续而成。故欲知梨洲面目，当从《明儒学案》中求之。

1.4   哲学史之种类有几

（一）通史——例如《中国哲学史》、《西洋哲学史》。

（二）专史——（1）专治一个时代的，例如《明儒学案》、《希腊哲学史》。

（2）专治一个学派的，例如《禅学史》。

（3）专治一人之学说的，例如《王阳明的哲学》。

（4）专讲哲学一部分之历史。例如《名学史》、

《人生哲学史》。

创始于春秋战国时代：1.政治；2.学术；3.思想；4.竞争；5.救世。

1.5 诸子百家朋起之原因

周衰官吏失守，多逸在草野。幽厉之后，中央集权渐陵夷，封建制度因之破坏。于是百家蜂起。礼乐征伐自诸侯出，兼并之事乃肆，君主务求贤以自辅，思想因之解放，贵族专制之羁缚斯脱，文人学士，各出其心思才力，争奇竞胜，以形成灿然之学术。当时四方之诸侯，方角立图霸，盛用权谋术数，以图强己弱人，故政治经济诸方面，皆有长足以进步。然以概用智谋机变之士，故道德扫地。百家之说因是以兴，其中儒、道、墨三家，想从思想上改良之，手段趋于消极；法家、纵横家，则主张于经济上、政策上，谋物质之富强，以图霸业，其手段目的概为积极。

1.6 李唐以前概为词胜时代其原因安在

（一）经学之崇尚——自孔子修六经，弟子各以其师说转相传受，而经学始昌。汉武帝更以董仲舒罢斥百家，尊崇儒术，于是兴太学，置博士，风气既开，下逮隋唐，莫不以名物章句训诂相尚。影响所及，遂以词胜。

1.7 汉学及宋学之分别

凡记诵古典而加以注释或考证者，谓之汉学。从道家言及佛经，一转手高谈心性等哲理者，谓之宋学。

1.8 各朝学术特质之见于治术者为何

夏尚忠，殷尚质，周尚文，秦用法术，汉重经术，魏重申商，晋崇老庄，此皆其学术特质之见于治术者也。

1.9 汉唐宋清对于经术之特质为何

汉之注，唐之疏，宋之义理，清之考据，皆有特质之见于经术者也。

1.10 汉武帝罢黜百家于学术思想界有何影响

武帝罢黜百家，独尊儒术，其影响于学术思想界者，一方面使诸子百家之学术思想，受政治上之压迫，不能与儒家调和发展，共策进行。一方面儒家之学术思想，单调独弹，而无竞争进步之心，渐沦为专制帝王之装饰品，而儒家之真谛已失。论者谓汉武之罪，浮于秦皇，其殆然欤！

1.11 两汉学术趋向复古其原因为何

汉人鉴于秦之改制而速亡，一时思潮颇倾向于复三代之旧。当时治者阶级，虽于秦制亦有所改革，而大略仍秦旧制。于是有不满人意之处，动辄激起时人殷慕三代之心。如以古籍之遭焚毁，因时势除去挟书之律，以征求遗书。古文奇字之不易通晓，不能不加以研究，所以造成一种复古之倾向。

1.12　西汉重经学东汉尚气节其流弊为何

西汉重经学，对于文化事业，只注重搜求遗书，整理文字；而于人文教育，置之不理。故王莽篡汉，争趋附之，恬不为怪。东汉尚气节，名节之士，过于砥砥自守，不苟合当世。然其末流，趋于标榜，遂酿成党锢之祸，此皆偏激之流弊也。

1.13　汉代整理文化之事业有几

汉代整理文化之事业有二：

（一）搜求遗书——惠帝除挟书之律，大收篇籍，广开献书之路，以搜求遗书。武帝置写书官，成帝令刘向父子总校书籍。

（二）整理文字——汉律：凡太史试学童能讽书九千字以上，乃得为史。试以六体，拔其尤者以为尚书史，即已注重文字。其后许慎成《说文解字》一书，古代文化乃得有整理之工具。

1.14　东晋自郭璞葛洪而后文学顿衰之原因

（一）关于国势者——自五胡乱起，典午东渡，中原士夫，播迁流离。加以州镇跋扈，忌刻为怀。是以孙绰取忌于桓温，谢混不容于刘裕，士气摧抑，文学遂深受其影响。

（二）关于学术者——孙兴公曰：《三都》、《两京》，五经之鼓吹，自典午东渡，经学不讲，士大夫皆役心于老庄之学。

先是魏氏父子，好尚文词，何晏、王弼乃务为清谈以相胜，学穷柱下，理究《南华》，道丽之辞，遂无闻于世矣。

（三）关于习尚者——自魏武尚放达，贱礼教，竹林七贤遂以任达闻。士大夫习于乐利，尚肯如平子《二京》、太冲《三都》苦心探索，至十年之久乎？且自三国以还，佛教隆盛，东晋士夫，好从之游，此亦跌荡虚无之习也。文学受损宜矣。

1.15　南北朝风尚学术之比较

（一）风尚——南方重情，故不卑妾媵，重别离，务华饰，善言谈，舍武事。北方重礼，故卑妾媵，轻别离，贵秩序，拙词令，而习射礼。

（二）经学——南方重说理，简约得其精华。北方崇考实，繁芜穷其枝叶。

（三）文学——南人性情佻达，多儿女缠绵之文。北人性情豪武，多英雄慷慨之作。

1.16　唐代文学发达之原因

（一）承南北朝之遗风，治者阶级提倡文艺；且佛学输入益广，遂大促其进步。

（二）唐人于思想上受时代遏塞，故于文学上大显其活动。

（三）天宝乱后，民生流离，社会之组织日见动摇，故多从事文学以求精神上之安慰。

1.17 宋代理学发生之原因及其派别

自唐以后，佛老渐混合于儒，儒亦多取法于佛老。宋人因恶训诂之烦碎，故倡义理之学。而其所生之派别，分为朱陆二大派。朱主道问学，其旨以居敬为本，穷理以致其知，反躬以践其实。陆主尊德性，万物皆在吾心，尝云："我虽不识一字，亦可还我堂堂地做个人。"总之，朱之治学方法为归纳法，陆之治学方法为演绎法。此其大较也。

1.18 清代学问之范围共分几派

清代学问之范围共分四派，兹分述之：

（一）朴学家——即汉学家，如惠士奇、戴震等是。

（二）今文学派——如孔广森、庄存与康有为是。

（三）理学派——如颜习斋、李恕谷是。

（四）浙东学派——黄梨洲、万氏兄弟、全谢山、章实斋。他如王船山、陈兰父，虽不能算浙东学派，然就学问之性质上分，有非常相类这点，故当以类相从，归成一派。

1.19 清代科学之发展

明末清初，欧人东渐，欧洲学术，因以输入。清初历算，有梅文鼎者，融合中西，而成历算大学，自是历法皆用西法。地理之学，则有胡林翼之《大清一统舆图》，邹代钧之《中外舆地全图》，杨守敬之《历代疆域沿革图》。今之治地图学者皆宗焉。

清中叶，有西医医学输入，故医学特别发达。其他欧美之社会科学如法律、政治、经济学等，自然科学如理、化、博物等，皆尽行输入，加惠于吾国学者甚巨也。

1.20 试述清代学术思想变迁之大势

（一）清初王学盛行，王船山、黄梨洲皆初治王学，后反王学者。

（二）康乾之际，定程朱尊一之功令。陆王之学，遂被目为异端，无人过问。

（三）乾嘉之时，经师蔚起，厌弃理学。于是汉学大放异彩，渐有统一学界之势。

（四）道光至光绪年间，今古文之争甚剧。

（五）光绪甲午至甲辰十年间，新学输入甚广，今古文之争息，而以经文比附新语之诡辩学派，如廖平、康长素等出焉。

（六）宣统年间，学者醉心欧美文化，是为大蜕化之时代。

1.21 清儒治学之方法

清儒治学之方法，纯用归纳法，兹略述之：

（一）留心观察事物，某点有特别注意之价值。

（二）凡与此事项同类者或相关系者，罗列比较以研究之。

（三）比较研究之结果，立出自己一种意见。

（四）据此意见，更从正面、旁面、反面博求证据，证据备则渐为定说，遇有力之反证则弃之。

1.22 清代汉学家之真精神

（一）勤苦——如阎百诗读书千遍。氏性钝，读书千篇，不能背诵。年十五，冬夜读书，扞格不通，愤悱不寐，漏四分，寒甚，坚坐凝思，心忽开朗，自是颖悟异常。尝集陶贞白、皇甫士安语以题所居之柱云："一物不知，以为深耻"；"遭人而问，少有宁日。"又如武虚谷会伊洛二水溢，庐舍毁圮，乃架席处泥潦中，诵读不辍，斫朽木焚火以御寒，斧伤指及足，流血殷地，终不废读也。他如惠定宇之日夜诵读，焦理堂之扶病注《易》，莫不由勤苦中得来。

（二）怀疑——如戴东原读书，虽一字必求其真义。其塾师略举传注训诂解之，不能惬其意。师恶其烦，乃取许氏《说文解字》令检阅之，后渐通其义，于是十三经皆迎刃而解矣。他若沉潜二十载之阎百诗，莫不从怀疑入手。

（三）澈底——如戴东原读《尧典》"乃命羲和"，乃掩书不读，以为不明天文历算，不足以读此也。遂先专治天文历算，于是对于"二分""二至"之理，了然胸中，且读时涣然冰释矣。他若亲自调查之顾祖禹，穷源究委之黄仪，莫不如是。

（四）缜密——先起疑，寻旁证，次比较，复假设，后判断，观清代之考证学，则知其缜密矣。

1.23 校勘之方法共有几种

校勘之法可分四种，兹逐一述之如下：

第一种校勘法是拿两本对照，或根据前人所征引，记其异同，择善而从。宋元刻本或精钞本虽不可得见，而类书或其他古籍所引有异文，便可两两勘比，以正今谬。此种工作，清初钱遵王、何义门开其端，元和惠氏父子继之，乾嘉以后更盛，而以最专门名家者如卢文弨之《群经拾补》、顾广圻之《思适斋文集》、黄荛圃之《士礼居题跋》、阮元及其弟子所著之各书《校勘记》及《题跋》、《武英殿板十三经注疏校勘记》，皆是。

第二种校勘法是根据本书或他书之旁证反证，校正文句之原始伪误。第一条路是本书文句与他书互见者，如《荀子·劝学篇》之前半和《大戴礼记·劝学篇》全同；《韩非子·初见秦篇》，亦见《战国策》；《礼记·月令篇》亦见《吕氏春秋》，乃至《史记》之录《尚书》，《汉书》之录《史记》，皆是。故本书虽无善本，然他书之同文，便为本书绝好之校勘资料。第二条路是无他书比勘，专从本书各篇所用之语法字法，注意或细观一段中前后文义，以意逆志，以发见今本伪误之点。初倡者为戴东原，而应用最纯熟且卓著成绩者为高邮王氏父子。

第三种校勘法是发见著书人原定体例，根据此体例以刊正全部通有之伪误。若全书颠倒紊乱以至不能读，或经后人妄改全失其真，唯一之救济法，只有把现行本未紊未改之处，精密研究，求得本书之著作义例，然后根据义例以裁判全书。其不合者便认为伪误。如郦道元《水经注》，旧刻本之经文、注文多混乱，经戴东原研究出经注异同之三公例，乃全部厘正。又如《说文解字》经徐铉等增补窜乱，多非许氏之旧，段玉裁、王菉友各自研究出许多通例，亦把他全部厘正。

第四种校勘法是根据别的资料，校正原著者之错误或遗漏。根据本书者，例如《史记·六国表》和各世家各列传矛盾之处甚多，便据世家列传校表之误，或据表校世家列传之误。根据他书

者，例如《三国志》和《后汉书》记汉末事各有异同，便据陈校
范误，或据范校陈误。又如《元史》最劣，可据《元秘史》、
《圣武亲征录》等书以校其误。清儒此种工作之代表著述，其编
校多书者则如钱大昕之《二十一史考异》，王西庄之《十七史商
榷》。专校一书者如梁曜北之《史记志疑》，施研北之《金史详
校》皆是也。

1.24　清代学者对于古书之整理

　　（一）整理古书——清代为再生时期，对于古书之整理，如
本子之校勘，文字之训诂，真伪之考订，无不登峰造极。如戴东
原、段玉裁、王念孙、王引之、阮元之治经，钱大昕、赵翼、王
鸣盛、洪亮吉之治史，王念孙、俞樾、孙诒让之治子，戴、王、
段、邵晋涵、郝懿行、钱绎、王筠、朱骏声之治古词典，此其著
者也。

　　（二）发现古书——有清一代，刻书之风甚盛，而私家所刻
之书尤为重要，如丛书本、单行本、重刻本、精校本、摹刻本皆
是。此外又有辑佚一项，如《古经解钩沉》、《小学钩沉》、
《玉函山房辑佚书》及《四库全书》中数百种由《永乐大典》辑
出之佚书皆是。

1.25　试述四库全书之编纂

　　乾隆三十八年，开设四库全书馆，任皇子及大学士为总裁，
各部尚书、侍郎等为副总裁；然实际荷编纂之任者为纪昀、陆赐
熊、孙士毅，所谓总裁官者也，三人中犹以纪昀负责最多；其他

国学语丝

12　国学问答

分任编纂之官者皆极一时之选，如总目协勘官则为任大椿，篆隶分核官则有王念孙等，校勘《礼乐十典》则有戴震、邵晋涵等，校辨各省送到遗书则有朱筠、姚鼐等。副总裁以下与共事者三百余人，历十年余始竣厥事。其搜集有藏于宫廷者，有藏于翰林院者，有名儒所编者，有督抚奏呈者，有私家进献者，有流传于世间者，集类分成经史子集。各书俱经撰有提要，将一书原委撮其大凡，并详著人世爵里。总计四库著录之书，三千四百五十七部，七万九千七百卷，存目共六千七百六十六部，九万三千五百五十六卷，经史子集中又各分若干类。

乾隆四十七年，《四库全书》告成，于是，分钞七份，先后建七阁以贮之：

（一）文渊阁——在北平禁城文华殿后。

（二）文源阁——在西郊圆明园，咸丰十年毁于英法联军。

（三）文溯阁——在奉天（今辽宁）行宫，今移存北平。

（四）文津阁——在热河避暑山庄，今移存北平。

（五）文汇阁——在扬州大观堂，毁于洪杨之乱。

（六）文宗阁——在镇江金山寺，毁于洪杨之乱。

（七）文澜阁——在杭州西湖孤山麓，半毁于洪杨之乱，现已补钞，移存浙江图书馆中。

1.26　清代藏书及刻书之风气

明人不喜读书，故费燕峰谓："《十三经注疏》除福建版外，没有第二部。"（见《弘道书》卷上）直至清代，藏书及刻书之风气乃盛，范尧卿（名钦，鄞县人）创立天一阁，实为最古最大之私人图书馆。又如毛子晋（名晋，常熟人）与其子斧季之汲古阁,专收藏宋元刻善本。所刻之《津逮秘书》和许多单行本古籍,直至今日,尤有极大之价值。他若焦弱侯(名竑,江宁人)之《国史经籍志》在目录学上颇有相当之价值。

1.27 今四库中所存古类书之重要者为何

今将四库中古类书之名称列下:

《北堂书钞》一百六十卷,唐虞世南撰。此书盖成于隋代(约六〇一—六一〇)。

《艺文类聚》一百卷,唐欧阳询等奉敕撰。贞观(六二七—六四九)。

《初学记》三十卷,唐徐坚等奉敕撰。

《太平御览》一千卷,宋李昉等奉敕撰。太平兴国二年(九七七)。

《册府元龟》一千卷,宋王钦若等奉敕撰。景德二年(一〇〇五)。

《玉海》二百卷,宋王应麟撰。

《永乐大典》二万二千九百卷。明解缙等奉敕编。永乐间(一四〇三—一四二四)。

其清代所编诸书不复录。以上各书唯《永乐大曲》未刻,其写本旧藏清宫,义和拳之乱,为联军所分掠,今欧洲日本诸图书馆中,每馆或有一二册至数十册不等。

1.28 别集与总集之分别

凡汇录一人之诗文,而成一书者,是为别集。别集之最古者，为荀况诸集、张融《玉海集》。他若《李太白诗文集》、《朱文公文集》、《陆放翁诗集》、《象山全集》，皆别集也。凡汇录多人之诗文，合为一书者，是为总集。总集之最古者为《昭明文选》、《玉台新咏》。他若《汉魏六朝百三家集》、《古诗三百首》、《古文苑》、《文苑英华》、《古文辞类纂》、《经史百家杂钞》，皆总集也。

1.29　经学与史学有何关系

经史本不可分，经即断代之史。治史宜先治通史，然后再治断代史。治经不先治通史，则不能与通史融会，其弊与专治断代史等。故必须比类求原，以求经史之融会，经典中之《尚书》、《春秋》为后世编年纪传两体之先源。刘知几曾谓纪传源于《尚书》，编年源于《春秋》，章学诚亦谓后代诸史皆本于《春秋》。故治经者，对于制度下则求诸《六典》、《会典》诸书，上以归之于《周礼》、《仪礼》；对于地理，下则考诸《史》及《地舆志》，上以归之于《禹贡》及《周礼·职方志》。

第二编 经 学

2.1 何谓经学

经者，常也，有五常之道，故曰"五经"，即所谓《诗》以道治，《书》以道事，《礼》以道行，《乐》以道和，《易》以道阴阳是也。又按古代记事，书于竹简，其连简之线曰经，故经学者即常翻阅之几部线装书而已。近人有将经学与佛经、圣经混为一解者，殊未适当，因佛经、圣经之经学，乃译者随意引用之词，绝非与原意相符，且经学既不含宗教之意味，又何能与宗教混为一谈？（按章太炎说）

2.2 何谓谶纬学

按汉代学者，以古代有经书，亦必有纬书，遂托古造制，造出许多纬书（但现存者除《易纬》八种而外，均已散佚）。其详目载于《隋书·经籍志》。自呼为孔子所著，自是伪托，无须深究。但董仲舒因此著《春秋繁露》，推论五行灾异之原理，刘歆则更以《河图》为《易》之根原，《洛书》为《洪范》之蓝本。其他孟喜、京房等之"易学"，扬雄之《太玄》，何休之《公羊传注》等，无不幽玄其说，神秘其辞，是皆出于《纬书》也。

"谶"者预言未来之事也。汉人富于迷信，以为此种图谶可决国家兴亡，且利用之于战争时，可鼓三军勇气，后人遂率信谶纬，政治上学问上都应用之不遑，即郑玄、贾逵等大儒，亦往往借为解释经书之用，天下于是更靡然从风，此秦汉谶纬学之所以盛也。

2.3　试述五经六经七经九经十经十二经十三经十四经之说

《白虎通·五经篇》云：经所以有五者何？经，常也，有五常之道，故曰五经：《乐》仁，《书》义，《礼》礼，《易》智，《诗》信也。又云：五经者何？《易》、《书》、《诗》、《礼》、《春秋》也。六经之名始见于《庄子》、《易》、《诗》、《书》、《礼》、《乐》、《春秋》是也。其后秦皇焚书，《乐》经灭亡，故后人言五经加《论语》称六经。《后汉书·赵典传》谓五经合《论语》、《孝经》而称七经，但亦有称《易》、《诗》、《书》、《周礼》、《大戴礼》、《论语》、《孝经》为七经者。唐时以"三礼"、"三传"、《诗》、《书》、《易》合称为九经。十经之名，见《南史·周续之传》，谓五经五纬也。十二经之名，见《经典释文》，谓六经六纬也。又按唐人于九经之外，加刻《孝经》、《论语》、《尔雅》，名十二经。至宋宣和又补刻《孟子》，遂有十三经之名。后又加《大戴礼记》，名曰十四经。

2.4 试将汉初五经之传统列一表格

《易》—田何—丁宽—田王孙
- 施仇
- 孟喜—
  - 白光
  - 翟牧
- 梁丘贺

《书》—伏胜—张生
- 欧阳生—兒宽（欧阳氏）
- 夏侯都尉—始昌
  - 胜（大夏侯氏）
  - 建（小夏侯氏）

《诗》—
- 申公培（鲁）
- 辕固生（齐）
- 韩婴（韩）
- 毛亨（毛）—毛苌

《礼》—高堂生—后苍
- 庆普（庆氏）
- 戴德（大戴氏）
- 戴圣（小戴氏）

《春秋》
- 《公羊传》（公羊寿）
  - 董仲舒
    - 严彭祖
    - 颜安乐
  - 胡毋生—何休
- 《榖梁传》（榖梁赤）—瑕丘江公
  - 荣广
  - 皓星公
- 《左氏传》（左丘明）

2.5　十三经之注疏人为谁

《周易正义》	魏王弼，晋韩康伯注，唐孔颖达等正义。
《尚书正义》	旧题汉孔安国传，唐孔颖达正义。
《毛诗正义》	汉毛亨传，郑玄笺，唐孔颖达正义。
《周礼注疏》	汉郑玄注，唐贾公彦疏。
《仪礼注疏》	汉郑玄注，唐贾公彦疏。
《礼记正义》	汉郑玄注，唐孔颖达正义。
《春秋左传正义》	晋杜预集解，唐孔颖达正义。
《春秋公羊传注疏》	汉何休解诂，唐徐彦疏。
《春秋榖梁传注疏》	晋范宁集解，唐杨士勋疏。
《孝经注疏》	唐玄宗御注，宋邢昺疏。
《孟子注疏》	汉赵岐注，旧题宋孙奭疏。
《尔雅注疏》	晋郭璞注，宋邢昺疏。
《论语注疏》	魏何晏等集解，宋邢昺疏。

2.6　试述八卦象之起源

　　上古结绳而治，后世圣人易之以书契，后庖牺氏始治八卦，每个或代表一种现象，或代表一种意象，例如：☲为火，☵为水，乃两种物象；☷为未济（即失败意），☶为既济（即成功意），乃两种意象。后诸圣人更生出其他意象，如☴（涣），代表风行水上（或木在水上）之意象，此即后人所称之"船"字。又如☳（小过）代表一个上动下静的意象，此即后人所称之"杵"，"臼"。又如☷代表泽灭木之意象，此即后人所称"棺椁"也。余如☱代表泽上于天，乃大雨意，又转为博施，更转为记事之文即书契也。总六十四卦皆由此八卦变成而用以象事物也，此在其他古书中亦有相似之文字，如巴比伦之楔形文字是也。

2.7　何谓三易

三易之说，始见于《周礼·春官·宗伯》。其《太卜·三易》云：一曰《连山》，二曰《归藏》，三曰《周易》。郑玄云：夏曰《连山》，殷曰《归藏》，周曰《周易》。

2.8　易经之作者为谁

《易》为四圣所作，四圣者，即伏羲、文王、周公、孔子也。伏羲氏始作八卦，文王作《卦辞》，周公作《爻辞》。司马迁《史记·孔子世家》篇谓孔子晚而喜《易》，作"十翼"。

2.9　何谓十翼

十翼为孔子赞《易》之文，《左传正义》云："易有六四卦，分为上下二篇，及孔子《易传》十篇，以翼成之。"是为十翼之始。十翼者，即上象、下象、上象、下象、上系、下系、文言、说卦、序卦、杂卦是。或曰系辞上下、说卦上下、文言上下、杂卦上下、序卦上下，是为十翼。

2.10 近人多疑序卦说卦杂卦三篇为孔子所作有何证据

近人康有为谓《史记》"序、象、系、象、说卦、文言"八字为刘歆加入，崔适《史记探源》亦否认之，且历指其失：（一）语无伦次，（二）孔子不应自读自作，（三）据王充《论衡·正说篇》称汉宣时河内女子得《逸易》一篇，《隋书·经籍志》以为"及秦焚书，《周易》惟失《说卦》三篇，后河内女子得之，而八字中无杂卦之名。"此即主张序卦、说卦、杂卦非孔子所作之证据。

2.11 何谓易含三义

《易纬·乾凿度》云："易一而含三义，易简也，变易也，不易也。"郑玄云："易含三义：简一也，变易二也，不易三也。"详言之，即《易》之本体千变万化，本来宇宙间一切现象，人间百般事情，无有不变化者，然其中却有一定不变化之理法在，所以谓之曰不易。但其理又本简明，所以又名之曰简易。

2.12 周易之根本思想安在

《周易》的根本思想有三：用天地人之和合以全福利，顺天命，是其一；用数理类汇万象，使各得定位，是其二；依此定位使家族之分位明而伦理立，是其三。

2.13 试述周易发展之次第

太极——二仪（阴阳）——四象〔太阳（夏）、少阴（春）、少阳（秋）、太阴（冬）〕——八卦〔乾（西北）、离（南）、震（东）、巽（东南）、坎（北）、坤（西南）、艮（东北）、兑（西）〕——六十四卦——三百八十四爻。

2.14 试述周易之传统

孔子传《易》于卜商（即子夏），汉初言《易》者有田何，曾作《易传》，何授丁宽，宽授田王孙，王孙授施仇、孟喜、梁丘贺、高相。宣帝时立施、孟、梁丘三氏之学，而别有京房作京氏之学，费直作费氏之学。后汉之世，大学并置施、孟、梁丘、京四氏之学。孟氏《易》后无传者，施及梁丘经西晋永嘉之乱亦亡。元帝时，立京氏《易》。唯高氏《易》传之民间，未立博士。而韩婴之韩氏《易》，只传之其家焉。凡此皆今文也。费氏《易》，而马融、郑玄、荀爽、王肃等宗之，盖古文也。

2.15 何谓易纬

"纬"字盖脱胎于五行之说，以预言将来之谓也。汉末张衡力驳其说，至晋武帝太始三年冬，因故误焚之，所余者仅《易纬》八种而已。其名称如下：（一）《乾坤凿度》；（二）《易纬乾凿度》；（三）《易纬·稽览图》（四）《易纬·辩终备》（五）《易纬·通卦验》（六）《易纬·乾元序制记》（七）

《易纬·是类谋》（八）《易纬·坤灵图》。

2.16 何谓尚书

尚，上也；书，如也，舒也。如其意而舒之为书也。孔安国曰："以其为上古之书，谓之尚书。"王肃曰："上所言下。为史所书，故曰尚书也。"总之，尚书为中国最古之史料。至孔子时，上断于尧，下讫于秦，编纂而成百篇，且为之序。但今存者，都共五十八篇，即《虞书》五篇，《夏书》四篇，《商书》十七篇，及《周书》三十二篇是也。

2.17 今文尚书与古文尚书之区别

《尚书》百篇，遭秦火而亡。汉初，孝文帝时，求治《尚书》者，闻伏生贤（按伏生名胜，为秦博士），欲召之。生年九十余，不能行，诏太常掌故晁错往受之。生老，艰于言语，不可晓，使其女传语，教错受二十八篇。武帝时，增《秦誓》为二十九篇，以今文传写，是为今文《尚书》。武帝末年，鲁共王坏孔子宅，得壁中所藏《尚书》五十八篇，较今文多三十篇，以蝌蚪文写成，是为古文《尚书》。

2.18 尚书之传统

济南伏生以其学授张生，张生授欧阳生，欧阳生授儿宽，宽又授欧阳生之子，遂有《尚书》欧阳氏之学。张生又别授夏侯都尉，都尉授族子始昌，始昌授族子胜，胜授其子建，遂有《尚书》大小夏侯之学（以胜为大夏侯氏，建为小夏侯氏）。欧阳、大小夏侯三氏之学俱得立于大学，然经永嘉之乱，皆已亡佚，仅存《尚书大传》。孔壁之古文《尚书》在魏晋之间已佚，至西晋时梅赜以王肃之伪古文《尚书》献，于是今古文遂并行。自唐《五经正义》用梅本，今之《尚书》遂真赝参半矣。

2.19　尚书之体例

《尚书》为三代之文件类编，或档案汇存，应作历史诵读；其体例以事为主体，开后世纪事本末之先河。其特例凡十，即孔颖达所谓典、谟、贡、歌、誓、诰、训、命、征、范是也。《文侯之命》以前记天子之事，《费誓》、《秦誓》记诸侯之事，其他虽有不以典谟训诰名篇者，但亦不出此十类之范围也。

2.20　尚书共有多少篇其真本二十八篇之篇名为何

《书经》共五十八篇，即《虞书》五篇，《夏书》四篇，《商书》十七篇及《周书》三十二篇是也。其真本二十八篇为：

《尧典》第一（今本《舜典》乃割原本《尧典》下半而成），《皋陶谟》第二（今本《益稷》乃割原本《皋陶谟》下半而成），《禹贡》第三，《甘誓》第四，《汤誓》第五，《盘庚》第六，《高宗肜日》第七，《西伯戡黎》第八，《微子》第九，《牧誓》第十，《洪范》第十一，《金滕》第十二，《大诰》第十三，《康诰》第十四，《酒诰》第十五，《梓材》第十六，《召诰》第十七，《洛诰》第十八，《多士》第十九，《毋逸》第二十，《君奭》第二十一，《多方》第二十二，《立政》第二十三，《顾命》第二十四（今本《康王之诰》乃割原本《顾命》下半而成），《费誓》第二十五，《吕刑》第二十六，《文侯之命》第二十七，《秦誓》第二十八。

2.21　洪范之由来

《洪范》为三代思想之总括，帝王学之精萃。依《尚书》讲，周兴之十三年，平殷之后，以天道问于殷贤公子箕子曰："呜呼！天摄理下民，我不知其秩序，汝为我授之。"于是箕子乃作《洪范》，以教武王曰："我闻在昔，鲧陻洪水，汩陈其五行，帝乃震怒，不畀洪范九畴，彝伦攸斁，鲧则殛死。禹乃嗣与兴，天乃锡禹洪范九畴。"是即《洪范》之由来。

2.22　何谓九畴试表出之

一、五行——水、火、木、金、土。

二、五事——貌、言、视、听、思。

三、八政——食、货、祀、司空、司寇、司徒、宾、师。

四、五纪——岁、月、日、星、辰历数。

五、皇极

六、三德——正直、刚克、柔克。

七、稽疑——卜筮。

八、庶征——雨、炀、燠、寒、风、时。

九、$\begin{cases} \text{五福——寿、富、康宁、攸好德、考终命。} \\ \\ \text{六极——凶短折、疾、忧、贫、恶、弱。} \end{cases}$

2.23 汉儒对于洪范五行之附会

箕子谓《洪范》授自天帝，乃系假托之词。所谓五行，即水火木金土也。箕子《洪范》篇云："五行者，一曰水，二曰火，三曰木，四曰金，五曰土。水曰润下，火曰炎上，木曰曲直，金曰从革，土爰稼穑。润下作咸，炎上作苦，曲直作酸，从革作辛，稼穑作甘。"直至汉代，彼等将五行之性质，任意附会，谓万物皆由阴阳二气所形成，火木属阳，水金属阴，土则居下，而由其相生相克以起变化；于是将人事及世运之变迁，遂尽归于五行之推理。而所谓相生，即木生火，火生土，土生金，金生水，水生木；所谓相克，即木克土，土克水，水克火，火克金，金克木。汉儒大都敷衍此说，即五常、五声、五味之类，都配之以五行，由此可见《洪范》影响汉儒之深矣。

2.24 洪范九畴之根本思想

《洪范》之原理，乃是古代思想之集成，政治道德之精萃，其根本之义，即"天道地道人道合一，而圣人则之"之谓。为帝王者，应体得此九种范畴，以谋天下之太平也。汉儒五行说之附会，荒谬绝伦，因《洪范》之五行，要亦不外和《左传》襄公二十七年之条下所述之五材（水、火、木、金、土之外，加谷一材称为六府）相当，是指人生日常之生活材料而言。《夏书·甘誓》有扈氏威侮五行，怠弃三正之言，正是此理。今将九畴之原理，解释如下：为人君者，宜以第二范畴之貌、言、视、听、思五事高其品格；再以皇极大中之德，作民仪表；再次则留意第四之五纪，整饬第一的五行，以图民利；持第六之三德，以为教化，使民各自展其才能；遇疑难则用第七之稽疑；察得失则验第八之庶征；有善行则五福将之，天道幸之；有恶行则六极临之，天道罚之。此五福六极之赏罚，皆一本于天意，绝非人为，此正可见古代人心之纯朴，及宗教心理之真挚。至于皇极之德，乃帝王自居，显其大中至诚之德，位居九畴之中央，而统辖其余之八者。九畴之用意，盖尽于此矣。

2.25　六经莫备于尚书试引申其义

六经莫备于《尚书》，因五经各主一事而作也。《易》主卜筮，即《洪范》之稽疑也。《礼》主节文，即《虞书》之五礼也。《诗》主咏歌，即后夔之乐教也。《周礼》设官，即《周官》六卿率属之事也。《春秋》褒贬，即皋陶命德讨罪之权也。故《尚书大传》云："六誓可以观义，五诰可以观仁，《吕刑》可以观诚，《洪范》可以观度，《禹贡》可以观事，皋陶可以观治，《尧典》可以观美。"故帝王之规模事业，尽在此书矣。

2.26　书教之意义若何

《尚书大传》云："六誓可以观义，五诰可以观仁，《吕刑》可以观诚，《洪范》可以观度，《禹贡》可以观事，《皋陶》可以观治，《尧典》可以观美。"总上所述，其义虽各有不同，要之，《书》之为主，乃所以宣王道而正仁义也，故其所载，多为典、谟、诰、誓、命之文。

2.27 诗经之来源

《诗经》为古代民歌之总集，为最古之文学。诗歌之兴，盖在未有文字之先，情性所至，自然流露，故古史载葛天氏之民，投足而歌八阕。后尧时有《康衢歌》、《击壤歌》，虞舜时有《卿云歌》、《南风歌》，夏有谚，商有颂。至周代，设采诗之官，共采于各国及民间者，谓之《国风》。出自王朝者，谓之《雅》、《颂》，其文皆可被之管弦。孔子删存其可为劝戒者，名之曰诗，亦六经之一也。

2.28 何谓诗之六义

诗有六义，即风、雅、颂、赋、比、兴是也。风、雅、颂者，乃就《诗》之种类而言也；赋、比、兴者，乃就诗之体例而言也。风者何？即上以风化下，下以风刺上也；换言之，即一般人所讴歌者，与现在之山歌相同。雅者何？按《诗小序》云：雅者正也。以其所歌者，皆庙堂之事也。雅即《说文》之鸦，鸦和乌音近，古人读音同乌，乌，秦声也。秦本周地，故雅为周声。又商有颂无雅，故知雅始于周。颂者何？按《诗小序》云：颂者美圣歌之形容也，换言之，即对于祖宗歌功颂德之文字。故有人主张颂便是后世之祭文，和现在之赞美诗、国歌类相近，庄重典丽，很缺乏个人之感情。赋者，敷陈其事，而直言之者也。比者，以彼物比此物也。兴者，先言他物以引起所咏之辞也。

2.29 何谓诗之四始

《史记》："《关雎》为《风》始，《鹿鸣》为《小雅》始，《文王》为《大雅》始，《清庙》为《颂》始。"此之谓《诗》之四始。

2.30 何谓风雅之正变

《二南》为正风，至《豳》为变风。《鹿鸣》至《菁莪》为正《小雅》，《六月》至《何草不黄》为变《小雅》。《文王》至《卷阿》为正《大雅》，《民劳》至《召旻》为变《大雅》。——见《朱子集传》

2.31 试述诗经之传统

孔子传《诗》于子夏，秦焚书后，汉兴而有三家之诗，以鲁申公培之训诂为《鲁诗》，齐辕固生之传为《齐诗》，燕韩婴之传为《韩诗》，号曰三家诗，皆今文也，立有博士。又荀卿以《诗》传于鲁之毛亨，亨作训诂以受赵之毛苌，时人称亨为大毛公，苌为小毛公，与三家之诗并行于世。后贾、马融为《毛诗》作传，郑玄复作笺，《毛诗》遂大盛。至其余三家，逐渐消亡，《鲁诗》亡于西晋，《齐诗》亡于魏，《韩诗》亡于北宋；虽有掇拾者，亦不足信也。

2.32　诗序为何人所作

孔子传《诗》于子夏，故世传《诗序》为子夏所作。据《后汉书·儒林传》，定为卫宏作。程颐以为孔子所作者非。

2.33　何谓十五国风及二雅三颂

十五国风者，即由此十五国所采之诗也，其名称如下：《周南》，《召南》，《邶风》，《鄘风》，《卫风》，《王风》，《郑风》，《齐风》，《魏风》，《唐风》，《秦风》，《陈风》，《桧风》，《曹风》，《豳风》。二雅者，即《小雅》、《大雅》也：《小雅》之内，含有《鹿鸣之什》、《白华之什》、《彤弓之什》、《祈父之什》、《小旻之什》，《北山之什》、《桑扈之什》、《都人士之什》；《大雅》之内，含有《文王之什》、《生民之什》、《荡之什》。三颂者，即《周颂》、《鲁颂》、《商颂》也：《周颂》之内，含有《清庙之什》、《臣工之什》、《闵予小子之什》；《鲁颂》之内，含有《駉》、《有駜》、《泮水》、《閟宫》四篇；《商颂》之内，含有《那》、《烈祖》、《玄鸟》、《长发》、《殷武》五篇。

2.34　试述周南与召南之旨意

《周南》者，南方诸侯之国也。《诗》共十一篇。首五篇言后妃之德（《关雎》举其全体而言。《葛覃》、《卷耳》言其志行之在己，《樛木》、《螽斯》美其德惠之及人）。《桃夭》、

《兔罝》、《芣苢》则为家齐而国治之效。《汉广》、《汝坟》则以南国之诗附之，而见天下已有可平之渐也。《麟之趾》则为王者之瑞，有非人力所致而自至者，故复以是终，而序者以为《关雎》之应也。《召南》者，召公奭之采邑也。诗共十四篇。《鹊巢》至《采蘋》，言夫人大夫之妻，以见当时国君夫人被文王之化，而能修身以正其家也。《甘棠》以下，又见由方伯能布文王之化，而国君能修身齐家以及其国也。

2.35　试述三礼之始

三礼者，《周礼》、《仪礼》、《礼记》是也。古者社会蒙昧，无礼乐之可言，迨圣人既作，乃本其固有之习惯以定礼节，故唐虞之时，以天、地、人为三礼，以吉、凶、军、宾、嘉为五礼。夏有小正，商有王制，至周朝文物大兴，始呈美备之观。

2.36　周礼仪礼各为何人所作

《周礼》、《仪礼》均为周公所作。但汉何休疑《周礼》作于六国之时，宋儒亦多疑之，唯刘歆、郑玄信为周公致太平之书。但亦有谓为刘歆伪撰者，近人康有为撰《新学伪经考》，亦断为刘歆伪造，然尚未成为定论也。

2.37　周礼共若干篇六官何名

《周礼》共六篇，秦火之后，皆已散佚。汉河间献王始得之于李氏，唯失《冬官》一篇，后有人征集旧典，录三十工以为

《考工记》而补之，即今之《冬官·考工记》也。其名称如下：

（一）天官冢宰——掌邦治，统百官，均四海。

（二）地官司徒——掌邦教，敷五典，扰兆民。

（三）春官宗伯——掌邦礼，治神人，和上下。

（四）夏官司马——掌邦政，统六师，平邦国。

（五）秋官司寇——掌邦禁，诘奸慝，刑暴乱。

（六）冬官司徒（以《考工记》补之）——掌邦土，居四民，时地利。

2.38　周礼在东洋法制史上之价值

《周礼》一书几包括现代法律之全部，举凡诸官之组织与权限，王室和诸侯之权限，及其相互之关系，无不包括在内。后世之官制，都以此书为基础，加以增减，故此书在东洋法制上，有绝大之价值。

2.39　周礼与仪礼之区别

《仪礼疏》曰："《周礼》言周不言仪，《仪礼》言仪不言周，既同是周公摄政六年所制，题号不同者：《周礼》取别夏殷，故曰周；《仪礼》不言周者，欲见兼有异代之法。"由此观之，《周礼》乃周公之政书，专言周代六官之官职；《仪礼》则兼用夏殷之礼而定为冠昏，丧祭，朝聘，射飨之礼，亦即吾人起居饮食所定以为法则者也。

2.40 试述仪礼今古文之说

唐贾公彦引《汉书》：鲁人高堂生，为汉博士，传《仪礼》十七篇，是为今文。武帝末，鲁共王好治宫室，坏孔壁，得亡《仪礼》五十六篇，是为古文。东汉郑玄斟酌二本，合而为一，即今之所传本也。故今之传本，今古文间有。

2.41 仪礼共有若干篇

《仪礼》凡十七篇：其次序如下：（一）士冠礼；（二）士昏礼；（三）士相见礼；（四）乡饮酒礼；（五）乡射礼（六）燕礼；（七）大射仪；（八）聘礼；（九）公食大夫礼；（十）觐礼；（十一）丧服；（十二）士丧礼；（十三）既夕；（十四）士虞礼；（十五）特牲馈食礼；（十六）少牢馈食礼；（十七）有司彻。

2.42 礼记为何人所作

京山郝氏曰：是书汉儒戴圣所记先圣格言，盖七十子门人后裔，转相传述，非出一手。如《中庸》，子思所作；《缁衣》，公孙尼子作撰；《月令》，吕不韦所修；《王制》，汉文帝时博士所录；《三年问》，荀卿所著。真赝相袭，瑕不掩瑜，故先儒推《周礼》、《仪礼》以为经，欲割《礼记》以为传。

2.43 大学及中庸何时离礼记而独立

《大学》及《中庸》旧为《礼记》之二篇，宋淳熙年间，始脱离《礼记》而独立成书。《大学》之为书，自汉以来，未为读者所重视，至宋程子以为孔氏遗书，可见为学之次第，乃与《中庸》别出，次以《论语》、《孟子》，尊为四书，以诏初学。

2.44 何谓大小戴礼记

《大戴记》为汉人戴德所记，共八十五篇，今存三十九篇。《小戴记》为戴德之侄戴圣所编，共四十九篇。

2.45 三礼之传统

《礼》有《周礼》、《仪礼》、《礼记》及《大小戴》之别。汉初高堂生传《士礼》十七篇，即今之《仪礼》。其后自鲁壁中所出之古经，多三十九篇，据云亡于隋唐之际。又有李氏者得《周官》之书献于河间献王，是即今之《周礼》。高堂生之后有后苍者最通《仪礼》，以授戴德、戴圣、庆普，遂有三氏之学。又刘向好《周礼》。始置博士，《周礼》遂亦行于世。戴德曾删刘向所纂录之古文二百余篇为八十五篇，是为《大戴礼》，而戴圣又削其书为四十六篇，是为《小戴礼》，即今之《礼记》。后马融又增三篇，共为四十九篇，自是《仪礼》、《周礼》、《礼记》称三礼，并行于世。

2.46　孔子作春秋之主旨安在

《史记·太史公自序》云："上大夫壶遂曰：昔孔子何为而作《春秋》哉？太史公曰：余闻董生曰：周道衰废，孔子为鲁司寇，诸侯害之，大夫壅之，孔子知言之不用，道之不行也，是非二百四十二年之中，以为天下仪表，贬天子，退诸侯，讨大夫，以达王事而已矣。子曰：吾欲载之空言，不如见之于行事之深切著明也。"又孟子曰："世衰道微，邪说暴行有作，臣弑其君者有之，子弑其父者有之。孔子惧，作《春秋》。"

2.47　春秋之特点

据梁任公云：吾侪以近代之史眼读之，不能不大诧异：第一，其文句简短，达于极点，每条最长者不过四十余字，最短者乃仅一字。第二，一条纪一事，不相联属，绝类村店所用之流水账簿，每年多则十数条，少则三四条；又绝无组织，任意断自某年，皆成起讫。第三，所记仅各国宫廷事，或宫廷间相互之关系，而于社会情形一无所及。第四，天灾地变等现象，本非历史事项者，反一一注意详记。由此，则《春秋》之特点明矣。

2.48　何谓春秋三传

《春秋》有公羊、穀梁、左、邹、夹之传。《公羊传》乃周公羊高所传述，其玄孙寿及胡毋子乃录而成书，后传于董仲舒，始显于世；《穀梁传》为周穀梁赤所传述，汉宣帝好之，遂行于世。前汉之世，此二传并立大学。《左传》乃周左丘明所撰述，贾谊为之训诂，经刘歆之考证，然犹未行于世，直至后汉始立博士。邹氏传无师，夹氏未有书，王莽时即失传，故后世称《公羊传》、《穀梁传》、《左氏传》为"春秋三传"。

2.49　何谓齐学鲁学何谓内传外传

公羊高，为齐人，故称《公羊传》为齐学。穀梁赤为鲁人，故称《穀梁传》为鲁学。《左传》为《春秋内传》，《国语》为《春秋外传》，皆左丘明著。

2.50　春秋何以有三传之作三传为古文否

孔子因鲁史作《春秋》，字里行间，寓有褒贬；然文句简短，不易明瞭，故王荆公讥之为"断烂朝报"，梁任公谓其绝类流水账簿。但此事亦非无因：《春秋》所贬损之人，俱为当世有威权势力者，隐其书而不宣，所以免时艰也。执是之故，始有三传之作，其事实皆形于传，故三传者，乃解释《春秋》之书也。至于三传今古文之说，据刘歆《移书让太常博士》之语，定《左传》为古文，《公羊传》、《穀梁传》为今文。

2.51　公羊穀梁二传是否为公穀所自撰

据《容斋随笔》，谓公羊实受经于子夏。据应劭《风俗通》，谓穀梁亦为子夏门人。盖各以所闻之《春秋》口授之于弟子，至汉乃著之竹帛。著者仍题其师之名，因曰《公羊传》、

《穀梁传》，实则非公、穀二人所自撰也。

2.52 三传优劣之比较

《左传》为记载之传，以史事为主；公、穀二传为训诂之传，以释经为主。然三传之中，唯左氏亲与孔子观书太史氏，故所得多史官之简书。公、穀不获亲见孔子，又选经弟子口授，故其所述，不免传闻之失。故范宁《春秋穀梁传集解》序曰："《左氏》艳而富，其失也巫；《穀梁》婉而清，其失也短；《公羊》辩而裁，其失也俗。"

2.53 历代治穀梁学者为谁

历代治《穀梁》学者较少，晋代有范宁，著有《穀梁传集解》。宋代有孙觉，著有《春秋经解》。清柳兴宗著《穀梁大义述》，廖平著有《穀梁古义疏》。

2.54 论语为何人所作

《论语》邢昺疏引郑玄语，谓《论语》为仲弓、子游、子夏所选定。或曰冉雍作《论语》，卜商（子夏）作《诗序》、《丧服传》。《汉书·艺文志》云：《论语》者，孔子应答弟子、时人及弟子相与言而接闻于夫子之语也，当时皆弟子所记。夫子既卒，门人相与集而论纂，故谓之《论语》。

2.55 何谓三种论语

第一为《古论》，出于孔壁，凡二十一篇，内有两《子张篇》。第二为《齐论》，乃齐人所传，较《鲁论》多《问王》、《知道》二篇。第三为《鲁论》，乃鲁人所传，凡二十篇，即今所传之本也。

2.56 试述孝经今古文之分

按《隋志》云："孝经遭秦焚书，为河间人颜芝所藏。汉初芝子贞出之，凡十八篇。"是为今文《孝经》。出自孔壁者是为古文《孝经》。唐玄宗御注之《孝经》，系今文《孝经》，即今所传之《孝经》也。

2.57 孝经为何人所作

太史公谓《孝经》为孔子自著。伪孔安国《孝经》序则以《孝经》为曾子所作。宋司马光则谓《孝经》为孔子门人所记。胡寅则谓《孝经》为曾子门人所作。又《困学纪闻》曰："曾子问孝于仲尼，退而与门弟子言之，门弟子类而成书。"然观其体例，当以司马君实之说近是。

2.58 试述孟子之略传

孟子名轲，字子舆，鲁公族孟孙之后，周烈王四年（西纪前三七二年）生于鲁之邹邑。幼受其母三迁之教，长乃受学于子思之门人。学成后游说梁齐宋鲁间，皆不就。当时君主方趋于专制与私欲，国策方竞于功利与攻伐，倾耳于仁义之道者至少，咸以彼迂阔于事，终莫能听纳其说。于是退而与门人万章、公孙丑等评论《诗》、《书》，述孔子之意，作《孟子》七篇。周赧王二十六年（西纪前二八九年）八十四岁殁。

2.59　孟子一书何时列入十三经

秦汉之时，孟荀并称。至唐韩愈独尊异之。宋程子始表章之。朱子尤为推崇，以为可跻之尼山之次，崇其书以配《论语》，自是《孟子》遂列为十三经之一云。

2.60　读孟子宜注意之点为何

第一，宜视其砥砺廉隅，崇尚名节，进退辞受取与之间，峻立防闲，如此然后可以自守而不至堕落。

第二，宜观其气象博大，独往独来，光明俊伟，绝无藏闪，能常常诵习体会，人格自然扩大。

第三，宜观其意志坚强，百折不回，服膺书中语，对于环境之压迫，可以增加抵抗力。

第四，宜观其修养下手工夫，简易直捷，无后儒所言支离、玄渺之二病。

2.61 何谓尔雅

唐陆德明《经典释文》曰:《尔雅》者,所以训释五经,辨别同异,实九流之通路,百氏之指南;多识鸟兽草木之名,博览而不惑者也。尔,近也。雅,正也。言可近而取正也,都凡十九篇,为小学家缀辑旧文,递相增益而成,绝非一人手笔。《释诂》一篇,盖周公所作。《释言》以下,或言仲尼所增,或言子夏所益,或言叔孙通所补,或言沛郡梁文所考。迄无定论。

2.62 汉代最著之儒学家为谁各著何书

前汉 {
董仲舒——《春秋繁露》
孔安国——《尚书大传》
刘向——《新序》、《说苑》、《女传》
刘歆——《七略》
杨雄——《法言》、《方言》、《太玄经》
}

后汉 {
贾逵——《左氏传解诂》
马融——《三传异同说》,注《孝经》、《论语》《诗》、《易》、《三礼》、《尚书》等
许慎——《说文解字》
郑玄——《周礼》、《仪礼》、《礼记》及《诗》、《书》、《易》之注释
何休——《公羊传注》
服虔——《春秋左氏传解》
}

2.63　三国时之儒学家为谁

三国之世，魏王肃极端相信古文，创一种简约华美之学风，以与郑玄之敦厚深远之学说相对立；而何晏、王弼以老庄之意义解释经书，何晏注《论语》，王弼注《易》及《老子》，开后世清谈之基。

2.64　汉代与三国对于经学崇尚之异同

汉代治经者，多崇尚今文家，至汉末郑康成出，古今文兼重，王肃出则极端相信古文。至于三国，则汉代所未立学官者，三国皆列入学官，于是今文家代兴，兹列表如下：

《易》——汉有施、孟、梁邱、京四家。　　　　三国时只崇尚郑康成及王弼之说。

《诗》——汉用三家。　　　　三国时尚毛氏。

《仪礼》——无变更。

《周礼》——汉不列学官。　　　　三国时列入学官。

《春秋》——汉用《公羊》。　　　　三国时尚左氏。

2.65　两晋时对于经学之崇尚如何

《易》 { 董景道治京房《易》。

王弼之《易》亦为时所重。

《书》——崇尚梅赜之《伪尚书》。

《诗》 {
董景道治《鲁诗》。

《毛诗》最盛。
}

《礼》 {
多崇尚王肃。

郑玄之《三礼注》，偏于河北一带。
}

《春秋》 {
杜预作《左传注》及《春秋释》

京相璠作《春秋土地名》
} 均与汉儒立说不同。

2.66　南北朝之儒学家为谁

　　南朝儒学殊形不振，仅有齐之王俭，通礼乐及《春秋》，为国子祭酒。梁之皇侃作《论语义疏》，又崔伏、何严等俱以经学被用。

　　北朝在后魏之世经学大家，有山东徐遵明，通诸经，尤，精《三礼》；出其门下者，有卢景裕、崔瑾、李周仁、李铉等，皆有名之士。李铉为北齐博士，极见尊重，其门人熊安生，初为北齐博士，后为北周武帝所用。而北周至隋，又出刘炫、刘焯二大家，俱博览而富于著述，称当世之大儒。刘炫所著之《毛诗述义》，尤为世所重。

2.67　南北朝之学风分为两派其崇尚有何不同

《易》——北尊郑氏，南尊王弼。

《毛诗》——同尊郑氏。

《书》——北尊郑氏，南尊孔安国之伪《古文尚书》。

《礼》——同尊郑氏。

《春秋》——北尊服虔，南尊杜预。

2.68　魏晋清谈形成之原因

　　清谈者，乃专以言谈虚玄之空理为能事者也。其形成之原因，盖以汉末士大夫过重名节，其弊或流为狷介偏固，故降及魏晋遂生反动，而产出蔑弃法度礼节，排斥世事俗务之风，如阮籍谓世之君子似虱之处裈，即为明证。其次是佛教东来之结果，注入一种特异之人生观，遂废弃经学训诂之学，而倡老庄虚无之说。加以当时政权移动之急激，士大夫无所适从，于是托名于玄学清谈，以避祸焉。

2.69　隋代之儒学家为谁

　　隋代年祚未久，故少有经学家，仅刘焯、刘炫、王通三人，于儒学有所供献。二刘精通经学、数学、历算，王通则专讲经学，拟《论语》作《中说》，努力模仿孔子事迹，其门人私谥之曰文中子。

2.70　试述隋代治经之情形

《易》——王弼注盛行，郑注渐衰。

《书》——孔郑并行，学者皆崇尚古文。

《毛诗》——刘轨思 { 刘焯

　　　　　　　　　　刘炫著《毛诗述义》。

《礼》——郑氏立于学官，治郑学者有熊安生及刘焯、刘炫。

《春秋》——杜氏盛行，服虔及公、穀渐衰。

2.71　唐代儒学家治经之情形如何

自唐太宗命颜师古及贾公彦折中南北，撰《五经正义》，由是学者皆墨守《正义》，思想亦被《正义》束缚，不能越《正义》范围。仅《仪礼》为当时所采用，研究之者皆甚精博，则非《正义》所能包。此外像李鼎祚之《周易集解》，啖助之《春秋集传》，陆津之《春秋集传纂例》及《辨疑》，虽不在《正义》范围内，但依然是训诂以外无甚发明。

2.72　汉唐经说之差异安在

汉唐对于经义之好尚，有极显明之差异。今试表列两汉《五经》与唐《五经》之异同如下：

时代	两　汉	唐
诗	齐、鲁、韩诗	毛　诗
书	今文尚书	古文尚书
易	田氏易 [施氏、孟氏、梁 丘氏、京氏易]	费氏易
礼	仪　礼	礼　记
春秋	春秋公羊传	春秋左氏传

2.73　试列一汉唐经说变迁表

经名	诗	尚书	周易	礼记	仪礼	周礼	春秋	论语	孝经	尔雅	孟子
经说分派	毛诗／韩诗／鲁诗／齐诗	今文／古文尚书	周易				穀梁传／公羊传／左氏传				
传经的儒者	毛亨／韩婴／鲁申培／齐辕固	胜伏／孔安国	田何	后苍	高堂生 后苍		申培／公羊寿／贾谊	孔安国			
汉武五经博士七家	韩诗／鲁诗／齐诗	欧阳和伯 欧阳尚书	田氏易		后氏礼		公羊春秋				
武帝时说经家		夏侯都尉	京房 京氏易／梁丘贺 梁丘氏易／孟喜 孟氏易／施雠 施氏易	戴圣	戴德 大戴氏礼／戴圣 小戴氏礼		严彭祖 颜安乐	张禹			
后汉光武五经博士十四家		欧阳尚书／夏侯建 大夏侯尚书／夏侯胜 小夏侯尚书					公羊氏严氏春秋／公羊颜氏春秋				
后汉 魏 晋 主要的注家	郑玄	郑玄／王肃	郑玄／王弼／韩康伯	郑玄／王肃	郑玄／王肃	郑玄／王肃	何休／服虔／杜预	郑玄／何晏	郑玄	郭璞	赵岐
唐代所行之经与注	毛诗正义 郑玄笺孔颖达疏毛享传	尚书正义 孔颖达疏伪孔安国传	周易正义 王弼注韩康伯注孔颖达疏	礼记正义 孔颖达疏郑玄注	仪礼 公彦疏郑玄注贾	周礼 贾公彦疏郑玄注	范宁 穀梁传 杨士勋疏范宁集解／公羊传 徐颜疏何休诂／左传正义 孔颖达疏杜预集解	论语 何晏集解	孝经 元行冲疏玄宗御注	尔雅 郭璞注	孟子 赵岐注

2.74　宋代儒学发达之原因

宋代儒学，乃所谓义理之学也。彼之盛况真凌唐驾汉，远足以比周末。因自两汉以来，各经都有博士之职，传袭成说，排斥新论，以文字之注疏为先，以义理为后，故其发达，遂不能超出训诂注疏之外。然而魏晋以来，奔赴隆盛之佛教，至唐而造其极，至宋，则遍行于天下，士大夫之研钻之者至众，如是，因其微妙深远思想之影响，遂至进而穿求经学之真理，以前之训诂注疏，于兹遂废，而义理之学遂起。义理之学，单称曰理学，亦曰性理之学，或格物穷理之学及道学。

2.75　宋学之特色

宋学之特色，即理气、心性二者之研究。前者多取于《老庄》及《易·系辞传》，用以构成儒教之世界观。后者则与佛教中之禅宗多有掺杂，同时又以子思、孟子为正脉，将古来之性说加以分析之研究。其结果将儒教之本体观（即理气）变作理智之研究，将心性问题变为现代之心理学。

2.76 宋代儒学家为谁各著何书试表出之

朝代	姓名	字	号	主要著作
北宋	周敦颐	茂叔	濂溪	通书、太极图说
北宋	邵雍	尧夫	康节	皇极经世书
北宋	张载	子厚	横渠	正蒙、东铭、西铭
北宋	程颢	伯淳	明道	定性书
北宋	程颐	正叔	伊川	易传、春秋传
南宋	张栻	敬夫	南轩	南轩易说、论语解、孟子说、知言
南宋	吕祖谦	伯恭	东莱	读诗记、书说、左氏传说、大事记
南宋	朱熹	元晦	晦庵	四书集注、周易本义、诗集传、小学、近思录、仪礼经传通解、易学启蒙、通鉴知录
南宋	陆九渊	子静	象山	语录（门人所辑录者）

2.77　何谓永嘉学派

南宋学潮，除朱陆二大哲学派外，尚有陈龙川叶水心等之功利派，即所谓"永嘉学派"。其学亦出于程门，郑景望、薛艮斋首倡于前，陈止斋、陈龙川、叶水心杰出于后。此派之学说，以经世事功为主，反对朱子空谈心理毫无实用之学说，以现时论，此派均为研究政治经济诸方面之学者。

2.78　元代儒学家为谁

元代大儒，有姚枢（金人）、郝经（字伯常，泽州陵川人）、许衡（字仲平，怀州河内人）、刘因（字梦吉，号静修，容城人）等。宋之遗儒有马端临及金履祥二人，马端临字贵与，江西乐平人，著《文献通考》；金履祥字吉父，兰溪人，为朱子婿黄幹之再传弟子，隐于金华山中，后迁于仁山之下讲学，故世称仁山先生。南方有吴澄出：澄字幼清，号草庐，抚州崇仁人，为黄干之三传弟子，著有《五经纂言》、《草庐精语》、《道德真经注》及《吴文正公集》五十三卷。

2.79　试将明儒之派别表出之

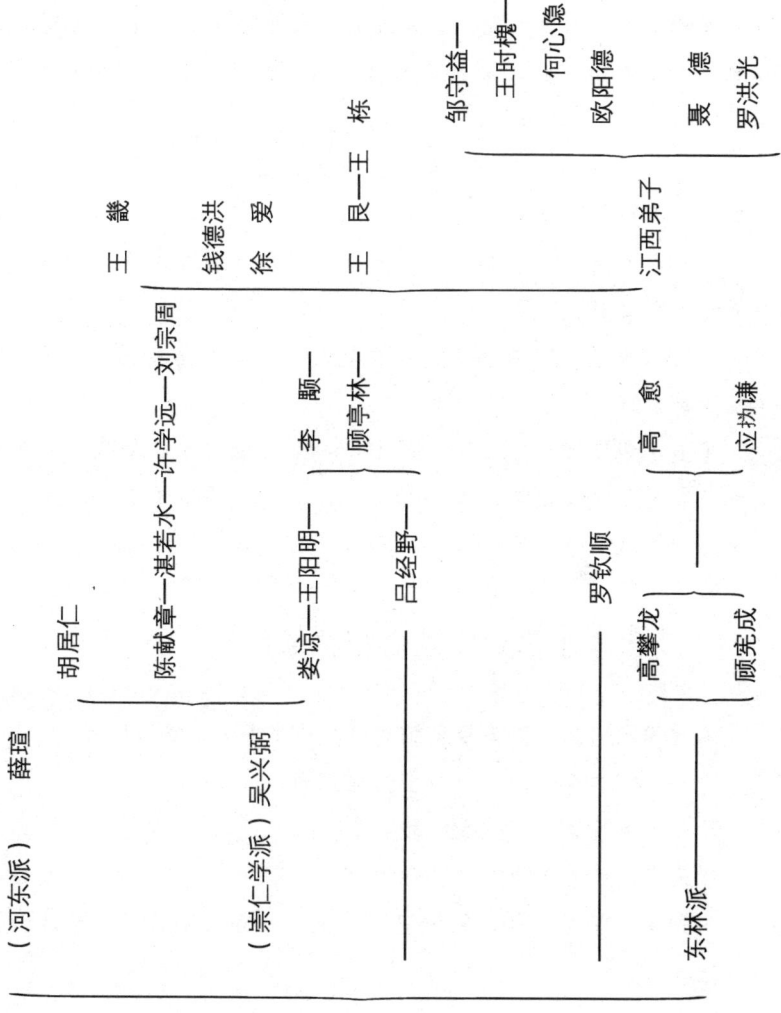

2.80　明末五儒为谁各有何著述

（一）孙夏峰，字启泰，号锺元，河北容城人。注重文献，著有《理学宗传》廿六卷，记述宋明学术之流派。 又有《畿辅人物考》、《中州人物考》、《苏门纪事》等书，皆为有价值之史料。

（二）顾炎武，字亭林，昆山人。著有《天下郡国利病书》、《日知录》及《亭林诗文集》。

（三）王夫之，字而农，号薑斋，湖南衡阳人。著述颇多，有《船山遗书》。

（四）李颙，字中孚。陕西盩厔人。著有《观感录》、《四书反身录》。

（五）黄宗羲，字太冲，号梨洲，浙江余姚人。著有《宋元学案》、《明儒学案》、《行朝录》八种，《赐姓本末》、《海外恸哭记》、《思旧录》等。

2.81　清代学术思想发达之根本原因

清代学术思想，极为复杂绚烂，其根本原因，约有四端：

（一）明学空疏，乃致力于其他方面。

（二）大乱之后，社会比较安宁。

（三）志节之士耻立于朝。

（四）旧学派坠落，新学派系统未成，得自由研究，无定于一尊之弊。

2.82　清儒之研究精神因环境之冲动所趋之方面

（一）因欲矫正晚明不学之弊，乃读古书，又觉求真理不易，乃先求诸训诂、名物、典章、制度。

（二）当时大师皆遗老，因图匡复，故研究史地经世之学。

（三）明末利玛窦输入西学于中国，初唯治天算者宗之，后亦应用于其他学问之研究法。

（四）学风返实，有从书上求实者，有从事上求实者。南人明敏多条理，故向著作方面发展；北人朴悫坚卓，故向力行方面发展。

2.83　清代学术可分几期

清代学术就时期而论，可分为五期：

（一）胚胎期　　从王应麟至焦竑，一般朴学之先进皆是。

（二）发展期　　从顾亭林至江慎修之时代。

（三）极盛期　　即钱晓徵、戴东原、段懋堂、王怀祖之时代。

（四）再变期　　从孔众仲至俞曲园之时代。

（五）结束期　　只有康有为和章太炎二人。

2.84　清代经学之派别

元明之世，学者拘于朱程之说，受缚束已极。迄于清代，遂因之激成大反动。首出者厥为毛奇龄，继起者则为胡朏明。至惠栋出，力考古书，揭汉学旗帜，摈汉以下诸说，汉学乃张。及戴震出，发明"以声音合文字，以文字考训诂"之法则，其弟子任大椿、段玉裁、王念孙等，大放异彩。王氏父子所著《经传释词》、《经义述闻》，尤为特出。以上戴惠两派，清代称为汉学，其后庄存与创常州学派，则今文家是也。但其弟子龚自珍、魏源、孙星衍等，则又转入古文家矣。兹将清代经学之派别，简表于下：

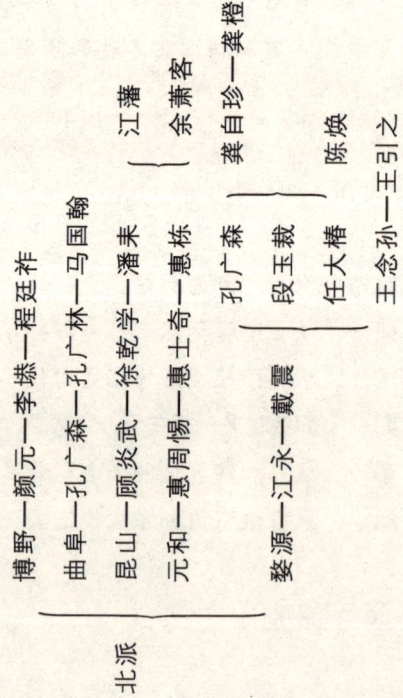

北派 {
博野—颜元—李塨—程廷祚
曲阜—孔广森—孔广林—马国翰
昆山—顾炎武—徐乾学—潘耒 { 江藩　余萧客 }
元和—惠周惕—惠士奇—惠栋
婺源—江永—戴震 {
孔广森——龚自珍—龚橙
段玉裁
任大椿——陈奂
王念孙—王引之
}
}

孙星衍

张惠言

常州 ⎰ 庄存与—庄述祖—刘逢禄 ⎱ 龚自珍

魏源

南派 ⎰ 仪征—阮元—吴荣光—陈澧

高邮—王念孙—王引之

南雷—黄宗羲

四明—万斯同（斯大之弟著有《石经考》）

桐城—方苞—刘大櫆—姚鼐

2.85　清代汉学家及宋学家之著者为谁

清代汉学家以毛奇龄、朱彝尊、惠士奇、戴震、段玉裁、钱大昕、王念孙为最著。宋学家以孙奇逢、魏象枢、汤斌、陆陇其、李光地为最著。

2.86　顾亭林在清代学术界之位置

第一在开学风，排斥理气性命之玄谈，专从客观方面研察事务条理。

第二曰开治学方法：如勤搜资料，综合研究；如参验耳目闻见，以求实证；如戒雷同剿说；如虚心改订，不护前失。

第三曰开学术门类，如参证经训史迹；如讲求音韵，述说地理，研精金石。

2.87　何谓考证学何以清朝独盛

考证学即资料研究之学，就是把古书之训诂、文字、字句及其史之价值，一一订正比较，考证其是非误谬之学。其研究法与近代科学上之研究法无异：先从同类之书中检出许多同类之事实，而归纳之，不得到的确不可动摇之证据，则不轻易下断案。其在清代独盛之原因甚多，但大别之可分为内外二面：内面即明朝性理学之途穷无路，及其弊害；外面则为清朝政府之压迫，不得已乃从事古学。

2.88 考证学之方法分几种

考证学之研究法，大别之可分为"训诂"、"校勘"两种。前者为整理，贯通古书之字义；后者为整理书本。前者为惠栋一派"汉学"者之所长，将古义古训之同一事类，同一用法，尽力搜集，而比较之，归纳之。其法虽与古来之训诂书不大相违，然研究之深湛，及客观之态度，是其特长。至于"校勘"古书一则，则和"训诂学"正如姊妹关系，专以校勘本书之正确为能事。换言之，即集古刻善本多种，证其异同，及误字误句等，且由本书而匡正其误谬之谓也。清代考证家之研究经学，不外此二法也。

2.89 关于考证学之名著为何

（一）关于经学之名著：

《顾炎武》之《日知录》

《阎若璩》之《古文尚书疏正》

胡渭之《易图明辨》、《禹贡锥指》

朱竹垞之《经义考》

毛奇龄之《河图洛书原舛编》、《太极图说遗议》、《四书改错》

惠栋之《九经古义》、《易汉学》、《周易述义》

惠士奇之《易说》

江藩之《汉学师承记》

戴震之《方言证疏》、《尔雅文字考》、《考工记图校》、

《水经注》、《孟子字义疏证》

段玉裁之《说文解字注》、《六书音韵表》

玉念孙之《读书杂志》、《广雅疏证》

王引之之《经义述闻》、《经传释词》

焦循之《易通释》、《孟子正义》

邵晋涵之《尔雅正义》

郝懿行之《尔雅文疏》

孔广森之《公羊通义》、《礼学卮言》

陈立之《公羊义疏》

孙星衍之《尚书古今文注疏》

王鸣盛之《尚书后案》

陈奂之《诗毛氏传疏》

马瑞辰之《毛诗传笺通释》

胡承珙之《毛诗后笺》

胡培翚之《仪礼正义》

刘宝楠之《论语正义》

孙诒让之《周礼正义》

江永之《周礼疑义》

陈澧之《东塾读书记》

何焯之《义门读书记》

钱大昕之《十驾斋养心录》

俞樾之《古书疑义举例》

（二）关于子学之名著：

王念孙之《读书杂志》

俞樾之《群经平议》、《诸子平议》

孙诒让之《墨子闲诂》

王先谦之《荀子集解》

郭庆藩之《庄子集释》

戴望之《管子校正》

卢文弨之《群书拾补》

章炳麟之《新方言检论》

（三）关于典章制度史地辑佚之名著：

章学诚之《文史通义》

王船山之《读通鉴论》

万斯同之《明史稿》

全祖望之《宋元学案》

顾祖禹之《读史方舆纪要》

杨守敬之《历代地理沿革图》

2.90　康有为新学伪经考之要点及其影响

《新学伪经考》之要点有五：

（一）西汉经学并无所谓古文者，凡古文皆刘歆伪作。

（二）秦焚书，并未厄及六经，汉十四博士所传皆孔门足本，并无残缺。

（三）孔子时，所用字即秦汉间篆书。即以文论，亦绝无今古之目。

（四）刘歆欲弥缝其作伪之迹，故校中秘书时，于一切古书，多所羼乱。

（五）刘歆所以作伪经之故，因欲佐莽篡汉，先谋湮乱孔子之微言大义。

《新学伪经考》之影响有二：

（一）清学正统派之立脚点根本摇动。

（二）一切古书皆须从新检查估价，此实思想界之一大飓风也。

2.91 康有为孔子改制考之要点

康氏第二部大著为《孔子改制考》，他判定"《春秋》为孔子改制创作之书，谓文字不过其符号，如电报之密码，如乐谱之音符，非口授不能明。又不唯《春秋》而已，凡六经皆孔子所作。昔人言孔子删述者误也。孔子盖自立一宗旨，而冯之以进退古人，去取古籍。孔子改制，恒托于古：尧舜者，孔子所托也；其人有无不可知，即有，亦至寻常，经典中尧舜之盛德大业，皆孔子理想上所构成也。又不唯孔子而已，周秦诸子，罔不改制，罔不托古；老子之托黄帝，墨子之托大禹，许行之托神农是也。"

2.92 康有为大同书之要点

康氏《大同书》以《春秋》三世说嵌于《礼记·礼运篇》之天道说，衍伸其义而作。谓公羊"升平之世"即《礼运篇》之"小康"，公羊"太平之世"即《礼运篇》之"大同"。于是他发挥孔子此种精神，而定社会改造之方法和手段，其纲目如次：

（一）无国家，全世界分若干区域，而置一总政府。

（二）总政府及区政府，皆由民选。

（三）无家族，男女同栖，不得逾一年，届期须易人。

（四）妇女妊娠时，入胎教院，产儿入育婴院。

（五）按儿童之年龄，入蒙养院，以及各级学校。

（六）成年后，依政府之指派，分任农工等生产事业。

（七）有病则入养病院，老则入养老院。

（八）各区胎教，育婴，蒙养，养病，养老等院，设备皆期于最完全，使入其中者，皆享最高之愉乐。

（九）成年男女，例须以若干年服役于此诸院，若今世之兵役然。

（十）设公共宿舍及食堂，其中又设等级，使各按劳作之所入，自由享用。

（十一）以最严之刑罚，警惰懒。

（十二）有学术上之新发明，或在上五院中有劳绩之人，得受殊赏。

（十三）死则火葬，火葬场比邻于肥料工厂。

其最要关键在毁灭家族。康氏谓佛法出家，求脱苦也，不如使其无家可出。又谓私有财产为争乱之源，无家族，则谁复乐有私产；若夫国家，则又随家族而消灭者也。

第三编　　小　　学

3.1　何谓小学并述其范围

小学者，六书之文也。古者八岁入小学，即教以六书。凡礼、乐、射、御、书、数等六艺，皆称之曰小学。至于汉代，始专以文字为小学。魏晋以后，小学专家有专究字书之学者，有专究训诂之学者，有专穷音韵之学者，故迨乎清代修《四库全书》，遂以小学类分为"训诂"、"字书"、"韵书"三种，而小学之范围亦遂分为"字形"、"字音"、"字义"三种矣。

3.2　小学为文学之本试引申其义

唐韩愈云：凡为文辞，宜略识字。降逮清世，戴震、汪中教人读书，尤以识字为急务。曾文正公云：欲以戴、钱、段、王之训诂，发为班、张、左、郭之文章。盖吟咏诗赋，造作文辞，苟于训诂茫然，斯难期于雅驯，故小学实为文学之基础。

3.3　治小学之方法为何

武抑斋问于张文襄公：治《说文》宜如何致力？公告以入

门之法曰：试取许君五百四十字部首，记其形体，审其音读，究其训解，殚数十日之力，往复熟习，必期一睹其字，即能读为何音，辨为何义；并闭卷而能默写其字体，一一无讹，再与言第二事。按此言至为切当，诚治小学者之不二法门也。

3.4 何谓六书并举例说明之

古时无文字而用结绳，迨黄帝史官仓颉始制六书，而文字之用始备。六书者：一曰象形，二曰指事，三曰会意，四曰形声，五曰转注，六曰假借是也。许慎曰：象形者，书成其物，随体屈曲，日月是也。指事者，视而可识，察而见意，上下是也。会意者，比类合义，以见指㧑，武信是也。形声者，以事为名，取譬相成，江河是也。转注者，建类一首，同意相授，考老是也。假借者，本无其字，依声托事，令长是也。

3.5 形声之区分安在

按唐贾公彦之《周礼正义》分谐声为六种：

（一）左形右声，如河江之类。

（二）右形左声，如鸠鸽之类。

（三）上形下声，如草藻之类。

（四）下形上声，如婆娑之类。

（五）外形内声，如园圃之类。

（六）内形外声，如闻问之类。

3.6 试述中国文字之变迁

各国之文字，莫不皆始于象形，终于音符。吾国之文字，亦复同然。自燧人氏作，始知结绳以纪事。庖牺氏出，仰则观象于天，俯则观法于地，视鸟兽之文与地之宜，近，取诸身，远取诸物，于是始作《易》八卦。至黄帝时，仓颉象鸟兽之迹，初造书契，至周而有籀书。秦主天下，李斯等作三仓，小篆以出，始有隶书，秦书遂有八体。至于炎汉，史游发明草书。王莽之世，颇改古文，共有六书。东汉时，章草出，楷书行。届于晋朝，右军之草书出，字体遂大备。盖人事日繁，文字之需用日广。故自有书契以来，文字凡数变。古文变为大篆，大篆变为小篆，再变而为隶书，隶书变而为草书，又变而为八分，再变而为行楷。日趋简便，推其原，要皆出于六书也。

3.7 何谓秦八体

按《说文解字序》，秦代自程邈作隶书后，文字凡有八体：一曰大篆（史籀所作），二曰小篆（李斯所作），三曰刻符（用以刻符节者），四曰虫书（用以书幡信者），五曰摹印（刻玺印用），六曰署书（用于题署），七曰殳书（用于戈戟），八曰隶书（程邈作）。

3.8 何为新六书

按《说文解字序》云：新莽时，使大司空甄丰等，校文书之部，自为应制作，颇改定古文。时有六书：一曰古文，孔子壁中书也；二曰奇字，即古文而异者也；三曰篆书，即小篆也；四曰左书，即秦隶书也；五曰缪书，即古之摹印也；六曰鸟虫书，所以书幡信也。此之谓新六书。

3.9　籀书史篇大篆及石鼓文有区别否

籀书、史篇、大篆及石鼓文，本无区别，实一物也。按周宣王时，使太史籀损益古文，作为大篆，凡十五篇，以其名籀，故曰籀书，以其官史，故曰史篇。或以别于小篆而称之曰大篆，即今之石鼓文也。

3.10　何谓小篆为何人所作

小篆者，即秦李斯、赵高、胡毋敬等，取大篆颇加省改而作之三仓也。以其所作，不过损益大篆，故谓之小篆，亦曰秦篆，或谓之玉筋篆。

3.11　小篆八体为何

按小篆之体，分为八体，其次序如下：（一）鼎小篆，（二）薤叶，（三）垂露，（四）悬针，（五）缨络，（六）柳叶，（七）剪刀，（八）外国胡语。于是遂以古文为上古，大篆为中古，小篆为下古。

3.12 何谓三仓

古史仓造字，迄于三代，制不相袭，书不同文。及至七国纷乱，言语异声，文字异形，秦并天下，丞相李斯奏定同文，凡与秦文不合者，皆罢免之。于是李斯遂作《仓颉篇》，赵高作《爰历篇》，胡毋敬作《博学篇》。至汉间里书师合此三篇为一篇，仍称之曰《仓颉篇》，又称为三仓。晋以后，字书以《仓颉篇》为上卷，扬雄之《训纂篇》为中卷，贾舫之《滂喜篇》为下卷。亦称三仓。

3.13 何谓隶书为何人所作

秦下邽人程邈增减大小篆方圆，为书三千，秦始皇名之曰隶书。因为隶人佐书，故曰隶书，亦曰佐书。

3.14 草书始于何时

按秦时即有草书，但世未通行。及汉元帝时，黄门令史游作《急就章》，是为草书之始。东汉张芝作一笔草书，各字相连，间有不连者，而笔脉不断，人谓之草圣。

3.15 章草为何人所作

东汉时，杜藻善草书，章帝爱之，使上表亦以草书，故谓之章草。按此种文字，无八书以上者，志在改革文字者，视为珍宝，现北京大学已添此门功课云。

3.16　八分书为何人所作

东汉章帝时，上谷人王次仲始作八分书，字颇简易，故无点
画俯仰之势。按八分者，有谓其取于篆者六分，取于隶者二分，
故名。又有谓以其字形像八字一般，有偃波之文故也。

3.17　楷书为何人所作

楷书亦曰今隶，卫桓以为王次仲所作，然唐李阳冰皆以为始
于钟繇。后世多从卫桓语。按楷书又称真书，盖其体较隶有规模
也。

3.18　何谓章程书

东汉时陈遵创变体，施诸章表笺记程课之事，谓之章程书。
后钟繇传之，按即今之草书也。

3.19　行书为何人所作

行书为东汉时人刘德昇所作，不拘不放，介乎真草之间，故
谓之行书。魏钟繇、胡昭皆出其门下。

3.20 飞白体为何人所作

飞白体乃汉灵帝时蔡邕所作。邕在灵帝时，见工人用垩帚修饰鸿都门而成字，遂创此书体。盖其法本于八分，黑白相间，转折方圆，而富有美术性之字体也。

3.21 今草为何人所作

今草为晋右将军王羲之所作。羲之七岁即善书，十二岁得其父之用笔秘法，遂工诸体，极尽篆、隶、真、行、草、飞白等诸体之精妙，故后人称其总百家之能，具众体之妙，为书中之圣云。

3.22 说文为何人所作共有若干字若干部

《说文》为汉许慎所作，共九千三百五十三字，凡五百四十部。自天地鬼神以及山川草木鸟兽虫鱼杂物、奇怪、王制、礼仪等，莫不毕载。是书不独为字书之津筏，亦训诂学之阶梯也。后人之能明瞭古文造字之根源，古代社会之情形及后世学术之变迁，皆《说文》之赐也。

3.23 说文解字所收字体共有若干

《说文解字》所收之字体，按许氏自序云："今序篆文，合以古籀。"按篆文即小篆也，古籀即古文籀书也。然考其全书，尚有秦刻石、俗体、奇字、秘书、说文等体，非仅篆文及古籀也。

3.24　训诂之学起于何时

训诂之学，始于周代。《尔雅》者即周代训诂之书也。故称为训诂专书之祖。其《释诂》一篇，作于周公。其后孔子、子夏递有增减。郭璞以《尔雅》为六艺之钤键。王充亦曰：《尔雅》者，五经之训。盖欲观周秦以上之书，必先通《尔雅》也。

3.25　明训诂之方法为何

文字以时地不同，音形亦异。而古人之训某字为某义者，后人更引申之，转为他义。又常以音近、音同、音转之字，任意借用。故读书不明训诂，则不足以识其本字矣。而明训诂之方，对于字形、字音、字义三者，不可偏废。故讲形则当读《说文》，讲声则当读《古韵》、《广韵》等书，讲古义则当读《尔雅》、《广雅》、《方言》、《释名》等书。

3.26　小尔雅及广雅各为何人所作

《小尔雅》为汉孔鲋所作。《广雅》为魏张揖所作。体仿《尔雅》，多以同声之字互相训释，洵古训也。研究小学及讲训诂之学者，此书不可不读。

3.27　方言为何人所作

《方言》为汉扬雄所作。盖博采各地之俗语而成者，对于训诂有绝大之贡献。唐代颜师古之《匡谬正俗》及汉代服虔之《通俗文》，皆以《方言》为蓝本。

3.28　释名为何人所作

《释名》为汉刘熙所作，实汉人训诂书之仅存者。其中以字音释字义，而字义即寓于字音之中。盖音既相同，义必相近，故《说文》以音为本，此汉儒小学之正例也。

3.29　白虎通为何人所作

《白虎通》为汉班固所作。其于每字必穷究其义，寻其根柢，为汉代训诂书之最著者，保守古训之功，亦云伟矣。

3.30　反切之法始于何时何人

反切之学创始于曹魏（三国时）孙炎作《尔雅音义》，其用始著。反切者，即以两字音而读成一字音之谓也。如天字之音为他前反（又作切），则他字之声发"t"和前字"ian"之韵"ian"相合，乃更成为"tian"。而两字其在前者曰字头，亦称父字，在后者曰字母，亦称母字或母韵。此亦音韵学之一大进步也。

3.31　何谓四声起于何时

　　四声之说起于梁之沈约。四声者，平上去入，各为一纽也。清王鸣盛云："同一声也，以舌头言之为平，以舌腹言之为上，以急气言之为去，以闭气言之为入。"

3.32　辨别四声之方法为何

　　发音平易而无抑扬者曰平声，如平字是。发声高而烈者曰上声，如上字是。发音清而其响远者曰去声，如去字是。发音短而促者曰入声，如入字是。又有歌诀云："平声平道莫低昂，上声高呼猛烈强，去声分明哀远道，入声短促急收藏。"

3.33　何谓永明体

　　《南齐书·陆厥传》曰：永明末，盛为文章，吴兴沈约、陈郡谢朓、琅琊王融以气类而推毂。汝南周颙善识声韵。约等文皆用宫商，以平上去入为四声，以此制韵，不可增减，世呼为永明体。

3.34　何谓大徐本何谓小徐本

　　南唐徐铉字鼎臣，精小学，将许氏《说文解字》，重加刊定，益以未收之字，为新附字，是为大徐本。其弟锴字楚金，亦精于小学，著《说文系传》，是为小徐本。

3.35   古韵之学倡自何人继起者为谁

古韵之学倡自宋吴才老,后顾亭林、戴东原、段玉裁、江慎修,俱致力于古韵。故训诂、名物、文字之学有待于将来者甚多,至古韵之学,谓之前无古人、后无来者可也。

3.36   试述音韵学之派别

音韵学可分三派:(一)古韵,乃研究古代韵文及汉儒读音之例者也。(二)广韵,乃区别四声各为一纽,而于可纽之中,又合音近之字为一韵也。(三)等韵,即研究反切及字母之法,区为牙、舌、唇、齿、喉诸音。以呼吸之不同,区为各等者也。

3.37   研究声韵之书以何书为最古

中国声韵之书,首为魏李登之《声类》十卷。其后有吕静之《韵集》,孙炎之《尔雅音义》,然此书早已亡佚。隋陆法言著《切韵》,实为韵学之一大进步,至宋陈彭年、邱雍等增益《切韵》,刊为《广韵》。故今世所存之韵书,以《广韵》为最古。

3.38   双声与叠韵之区别

双声者,古所谓和同母之字,一声之转也。如股肱、从脞是也。叠韵者古所谓谐同韵之字,其字最近也。如螳螂、蜻蜓、皋陶是也。

3.39 双声叠韵与反切有何关系

反切者，即一声一韵相合而成之音也。上一字与所切之字，必为双声；下一字与所切之字，必为叠韵。如同之反切为结红，则同与结为双声，同与红为叠韵。

3.40 声母共有若干创自何人

声母共三十六字，创于唐末梁山僧守温，或谓唐舍利初置字母三十，守温益以六母。诸说纷纷，莫衷一是。总之，吾国三十六字母之起于唐末，则毫无疑义矣。

3.41 清代治小学者为谁

宋末及元明之学者，皆好讲性理，而不顾汉唐之注疏，故至清初遂生反动，考证之学大兴，而经学面目为之一新。就中研究小学者，以戴震、钱大昕、段玉裁、邵晋涵、郝懿行、王筠、桂馥、王念孙、朱骏声为最著。

3.42 清代治文字学者何人各著何书

吾人治学有如采樵，文字则其斧锯也。不解文字学，则触处皆荆棘；苟精字学，则登高如坦途，斧锯所至，采获必丰，故文字之学，至清代而成专门之学。如王筠之《说文句读》，段玉裁之《说文解字注》，桂馥之《说文释例》，朱骏声之《说文通训定声》等，皆其杰出者也。

3.43　清代治音韵学者何人各著何书

音韵学本为文字学中之一部，今则专门名学，是附庸蔚为大国也。自顾亭林氏著《音学五书》开其端，其后戴震著《方言证疏》，孔广森著《诗声类》，段玉裁著《六书音韵表》，皆续有进境。至俞曲园之弟子章炳麟出，著《古音标准》、《成均图文始》及《新方言》等书，实为音韵学之集大成者。

3.44　清代治训诂学者何人各著何书

训诂之学，亦文字学之附庸也。治《说文》者亦必治《尔雅》，如邵晋涵之《尔雅正义》，郝懿行之《尔雅义疏》，王念孙之《广雅疏证》、《经传释词》，俞荫甫之《古书疑义举例》等，其最著者也。

3.45　钱大昕对于音韵学上之供献为何

钱大昕发明古无轻唇音，只有重唇音，其归纳之方法列下：

（一）举例

（1）《诗经》："凡民有丧，匍匐救之"，《檀弓》、《家语》引作"扶服"、"扶伏"。

（2）古读"附"如"部"。

（3）古读"佛"如"弼"。

（4）古读"文"如"门"。

（5）古读"弗"如"不"。

（6）古读"蕃"如"卜"。

（7）古读"偾"如"奔"，读"粉"如"齿"。

（8）古读"甫"如"圃"。

（9）古读"方"如"旁"。

（10）古读"逢"如"蓬"。

（11）古读"封"如"邦"。

（12）古读"勿"如"没"。

（13）古读"匪"如"彼"。

（14）古读"妃"与"配"同。

（15）古读"微"如"眉"。

（16）古读"无"如"模"，又转为"毛、末"。

（17）古读"反"如"变"。

（18）古读"馥"如"苾"。

（二）断语

凡轻唇之音（如非、敷、奉、微等），古读皆为重唇音（如帮、滂、并、明等）。

3.46 戴段二王为谁

戴段二王，为清代考证学之中坚。戴震字东原，休宁人，自礼经、制度、名物以至经传、小学，无不精通，著有《方言证疏》十三卷，《尔雅文字考》十卷，《考工记图校水经注》四十卷，《直隶河渠书》六十四卷，《孟子字义疏证》三卷。段玉裁、王念孙皆其弟子，段著有《段氏说文》，王念孙与其子引之，著有《王氏四种》。

3.47　何谓王氏四种

　　王念孙字怀祖，学者称为石臞先生，通《尔雅》、《说文》，又精研经史子书，著有《读书杂志》、《广雅疏证》。其子王引之，字伯申，亦究《尔雅》、《说文》，修声韵、训诂、文字。

第四编 史 学

4.1 历史之体例共有若干种

中国历史之体例，与各国不同，大别之可分为八种；述之如次：

（一）正史——如《二十四史》。

（二）编年——如《左传》、《资治通鉴》。

（三）纪事本末——如《通鉴纪事本末》。

（四）别史——如《通志》。

（五）杂史——如《国语》、《战国策》。

（六）传记——如《孔子编年》。

（七）目录——如《崇文书目》。

（八）史评——如评史法之《文史通义》，人事之《读通鉴论》，评杂事之《廿二史札记》。

4.2 何谓正史

正史之名，见于《隋书·经籍志》。正史者，即如《史记》、《汉书》等纪传体之史，所以别于编年史者也。宋世刻有十七史，明代合宋、辽、金、元为二十一史。清乾隆钦定《明史》，又诏增《旧唐书》，为二十三史。后取薛居正之《旧五代史》与欧阳修之《新五代史》并列，共为二十四史。民国以来，徐世昌以柯劭忞之《新元史》，列入正史，近《清史稿》已出版，可为二十六史。

4.3　何谓编年体

古代史官所作史，盖为文句极简之编年体。晋代从汲冢所得之《竹书纪年》，经学家考定为战国时魏史官所记者，即其代表。又孔子以《鲁史》作《春秋》，以事系日，以日系月，以月系时，以时系年，实为史家书法之祖。

4.4　编年体之利弊

编年体以年为经，以事为纬，使读者能瞭然史迹与时代之关系，此其所长也。然史迹固有连续性，一事或亘数年，或亘百数十年，编年体之纪述，无论若何巧妙，其本质总不能离账簿式。读本年所纪之事，其原因在若干年前者，或已忘其来历；其结果在若干年后者，苦不能得其究竟，非但翻检为劳，抑亦寡味矣。

4.5　何谓纪传体

纪传体以人物为本位，如汉代之司马迁，以十二《本纪》、十《表》、八《书》、三十《世家》、七十《列传》编成《史记》一书，为空前之绝大著作，实国史纪传体之鼻祖也。

4.6 纪传体之利弊

纪传体之长处，在内容繁富，社会各部分情况，皆可以纳入；其短处在事迹分隶凌乱，其年代又重复。刘知几所谓："同为一事，分为数篇，断续相离前后屡出……又编次同类，不求年月……故贾谊与屈原同列，曹沫与荆轲并编。"（见《史通·二体篇》）此皆其弊也。

4.7 何谓纪事本末体

宋袁枢之《通鉴纪事本末》，乃以事为起讫；千六百余年之书，约之为二百三十有九事。其始亦不过感翻检之苦痛，为自己研究《通鉴》谋一方便耳，及其既成，则于斯界别辟一蹊径，名曰纪事本末体。

4.8 纪事本末体之优点

纪事本末，本无深意，而因事命题，不为成法。则引而伸之，扩而充之，遂觉体圆周神。按本末之为体也，因事命篇，不为常格，非深知古今大体，天下经纶，不能网罗隐括，无遗无滥，文省于纪传，事豁于编年，决断去取，体圆周神，斯真《尚书》之遗也。

4.9　试述通史之利弊

通史者，乃集数朝之事迹而成一书也，如司马光之《资治通鉴》是。按通史之修，其便有六：一曰免重复，二曰均类例，三曰便全配，四曰平是非，五曰去抵牾，六曰详邻事。其长有二：一曰具剪裁，二曰立家法。其弊有三：一曰无长短，二曰仍原题，三曰忘标目。

4.10　试述左传之特色

《左传》之特色有三：第一：不以一国为中心点，而将当时之文化国平均叙述，极有溥徧之精神。第二：其叙述不局于政治，常涉及全社会之各方面。第三：其叙事有系统有别裁，绝非"文选氏"之尚书，账簿氏之《春秋》可比。此三特色者，皆以前史家之所无，故刘知几云：左氏为书，不遵古法……然而言事相兼，烦省合理。"诚哉然也。

4.11　公穀二传之缺点

据刘知几《史通·外篇》，谓《公》、《穀》二传有五短：得诸传闻，异乎亲见一也。语乃龃龉，文皆琐碎二也。自我作故，无所准绳三也。重述经文，无所发明四也。奖进恶徒，疑误后学五也。

4.12 试述世本之特点

《世本》一书，宋时已佚，然其书为《史记》之蓝本，今据诸书所征引，知其内容篇目，有《帝系》、《世家》、《氏姓》（叙王侯及各贵族之系牒）、《传》（记名人事状）、《谱》（年表之属）、《居篇》（汇纪王侯国邑之宅都）、《作篇》（纪各事物之起原）。其书与前史大异者两点：其一，开分析与总合研究之端绪，将史料纵切横断，使读者得所比较以资推论也，其二，特注重社会之事项，是已具有文化史之性质也。

4.13 廿四史各为何人撰述

《史记》——汉司马迁撰

《前汉书》——汉班固撰

《后汉书》——宋范晔撰

《三国志》——晋陈寿撰

《晋书》——唐房玄龄撰

《宋书》——梁沈约撰

《齐书》——梁萧子显撰

《梁书》——唐姚思廉、魏征同撰

《陈书》——唐姚思廉、魏征同撰

《魏书》——北齐魏收撰

《北齐书》——唐李百药撰

《周书》——唐令狐德棻撰

《隋书》——唐魏征撰

《南史》——唐李延寿撰

《北史》——唐李延寿撰

《旧唐书》——后晋刘昫撰

《新唐书》——宋欧阳修撰

《旧五代史》——宋薛居正撰

《新五代史》——宋欧阳修撰

《宋史》——元脱脱等撰

《辽史》——元脱脱撰

《金史》——元脱脱撰

《元史》——明宋濂等撰

《明史》——清张廷玉撰

4.14　廿四史之读法

（一）就书而摘——如《四史》在学术界之势力，与六经诸子埒。《明史》共认为官修书中之最佳者，皆宜读。

（二）就事分类而摘读志——如研究经济，则读《平准书》、《食货志》；研究学术史，则读《艺文志》、《经籍志》，附以《儒林传》。每研究一门，则通各史此门之志而读之，亦可与《文献通考》之此门合读。

（三）就人分类而摘读传——如《儒林传》、《文苑传》是。

4.15　何谓前四史

司马迁之《史记》，班固之《汉书》，范晔之《后汉书》及陈寿之《三国志》，合之称为前四史。

4.16　试述史记之内容

　　《史记》为纪传体之鼻祖，西汉司马迁撰。以十二《本纪》、十《表》、八《书》、三十《世家》、七十《列传》组织而成。凡百三十篇。上起轩辕，下至汉武，凡五十二万六千五百言。其中《三王世家》、《龟策列传》、《蒯成列传》等十篇，为褚少孙所补。

4.17　史记之特色

　　旧史官之史，多纪事实而无目的。孔子作《春秋》时，或为目的而牺牲事实。其怀抱深远之目的，而又忠勤于事实者，唯迁能兼之。迁书取材于《国语》、《世本》、《战国策》、《楚汉春秋》等书。其《本纪》以事系年，取则于《春秋》；其八《书》详纪政制，蜕形于《尚书》；其十《表》稽牒作谱，印范于《世本》；其《世家》、《列传》，既宗《雅记》，亦采琐语，则《国语》之遗规也。诸体虽非皆迁所自创，而迁实集其大成。兼综诸体而调和之，使互相补而各书其用，此足证迁组织力之强，而文章技术之妙也。班固述刘向、扬雄之言，谓"迁有良史之材，善序事理。"郑樵谓"自《春秋》后，唯《史记》擅制作之规模。"其最异于前史者，即以人物为本位，故其书厕诸世界著作之林，在史学界占一绝大位置。

4.18 何谓断代史始于何时何人

史书有通史及断代史之分。通史者，乃集数代之事迹而成一书也。断代史者，乃集一代之事迹而成一书也。断代为史，始于后汉班固之《汉书》，只就前汉一代之事迹，成纪、传、表、志百二十卷，唐刘知几极推尊此体，谓"其包举一代，撰成一书，学者寻讨，易为其功"。故后世断代为史，皆本此书。

4.19 断代史之缺点为何

历史之为物，如流水然，抽刀断之，不可得断。今之治史者，强分为古代、中世、近世，犹苦不能得正当标准；而况可以一朝之兴亡为之划分耶？史名冠以朝代，是告人以我之此书，为某朝代之主人而作也。是故南朝不得不谓北为索虏，北朝不得不谓南为岛夷，如欧阳修之《新五代史》，开宗明义第一句，亦不能不对于积年剧盗朱温其人者，大书特书称为"太祖神武元圣孝皇帝"也。断代史之根本谬误，即在此也。

4.20 汉书之内容如何

班固之《汉书》仿于《史记》。为十二《帝纪》、八《年表》、十《本志》、七十《列传》，始于汉高，终于王莽之诛，凡二百三十九年，共百二十卷，八十一万言。唯班固书未成即下狱死，其八《表》及《天文志》，由其妹班昭（曹大家）续成。

4.21　汉书之特色

《汉书》开断代为史之先河，其特色有三：

（一）古今人表——为后世立人格；

（二）艺文志——为后世存文献；

（三）地理志——为后世详风俗物产。

4.22　史记汉书之比较

《史》、《汉》二体之区别在历史观念上有绝大之意义。《史记》以社会全体为史之中枢，故不失为国民之历史；《汉书》以下，则以帝室为史之中枢，自是而史乃变为帝王家谱矣。且《汉书》，武帝以前多采《史记》，太初以后，又杂以史孝山、褚少孙、扬雄、刘歆、班彪、曹大家之文，体驳而未纯，不若《史记》出于谈、迁父子两人之手之精粹也。且《史记》疏，《汉书》密，《史记》宏放，《汉书》详整。就史言，《汉书》为得，就文言，《汉书》逊于《史记》一筹矣。

4.23　史记汉书之注疏为谁

《史记》有晋裴骃《集解》，唐司马贞《索隐》，唐张守节《正义》。《汉书》有唐颜师古为之注。

4.24 后汉书之内容如何

《后汉书》自晋以来，著者十余家，宋范晔辑成九十九卷。自后汉光武帝起至献帝止，凡十《纪》、十《志》、八十《列传》，然诸志未成而晔被诛，至梁世刘昭取晋司马彪《续汉书》三十卷附入，始成今本。然范书尚非完本也，其纪传亦多采前人，如隗嚣、公孙述、马援等传，皆班固笔，唯序论赞出范晔手。至唐世，章怀太子贤命当时学者张太安、刘讷言、革希等数人为之注。

4.25 汉纪之体例为何

汉献帝以《汉书》繁博难读，诏荀悦撮要删之；悦乃撰为《汉纪》三十卷，此现存新编年体之第一部书也。悦自述谓："列其年月，比其时事，撮要举凡，存其大体，以副本书。"又谓："省约易习，无妨本书。"语其著作动机，不过节钞旧书耳。然结构既新，遂成创作。其体例以年系事，易人物本位为时际本位，学者便焉。

4.26 仿汉纪之体例而作者有何书籍

荀悦作《汉纪》之后，仿效者踵起，有张璠、袁宏之《后汉纪》，孙盛之《魏春秋》，习凿齿之《汉晋春秋》，干宝、徐广之《晋纪》，裴子野之《宋略》，吴均之《齐春秋》，何之元之《梁典》等。惜各家著书，类多散佚，现存者仅荀、袁二家而已。盖自班固以后，纪传体既断代为书；故自荀悦以后，编年体亦循其则。每易一姓，纪传家既为作一书，编年家复为作一纪，而皆系以朝代之名。

4.27 试述三国志之概略

《三国志》晋陈寿撰，凡六十五卷。魏四《纪》，二十六《列传》。蜀十五《列传》，吴二十《列传》。其书叙事简明而不冗漫，文章纯洁而不浮靡，继《史记》、《汉书》称良史焉。然其书尊魏为正统，后世多非之。迨南朝宋时，裴松之为之注。

4.28 魏晋关于古史之发明有何书籍

司马迁作《史记》，断自黄帝，自汉世谶纬之学大兴，学者率以之解经，即以之钞撮著古史。吴韦昭有《洞记》，起庖牺。蜀谯周有《古史考》，以神农、炎帝为二人，语最可信。晋皇甫谧作《帝王世纪》，起三皇。由是皇古之事，始稍稍可说云。

4.29 两晋及南北朝之史学著作为何

两晋及南北朝，关于史学之著述，极为丰富，其著者，如司马彪之《续汉书》、华峤之《后汉书》、袁宏之《后汉纪》、孙盛之《魏春秋》、王隐之《蜀记》、张勃之《吴录》、习凿齿之《汉晋春秋》等，但大半都已亡失不传。此外有晋陈寿之《三国志》、宋范晔之《后汉书》、梁沈约之《宋书》、萧子显之《南齐书》、北齐魏收之《魏书》，但最著者唯《三国志》、《后汉书》而已。

4.30　宋书之梗概

《宋书》为梁沈约撰。分十《本纪》、三十《志》、六十《列传》，凡百卷，多取徐爰旧本而增删之，缺少《文苑传》，此书一年告成，古来修史之速，未有若此者。

4.31　南齐书之梗概

《南齐书》梁萧子显撰。分八《纪》，十一《志》，四十《列传》，凡五十九卷。其天文但记灾祥，州郡不著户口，祥瑞多载图谶。

4.32　梁书与陈书之梗概

《梁书》五十六卷，六《本纪》、五十《列传》。《陈书》三十六卷，六《本纪》、三十《列传》，为唐姚思廉与魏征同撰。姚思廉承其父察在陈时所修未成之本，更采辑各史而订正之，故其书简严完善，多用散文，而无骈偶之弊。

4.33　晋书之梗概

《晋书》，唐房玄龄撰。凡百三十卷。唐修《晋书》，参预者二十一人，如令狐德棻、颜师古、孔颖达，皆当时文学之士，如列陶渊明于《隐逸》，列王妃于《列女》，载《崇让论》于

《刘实传》，载《崇有论》于《裴颜传》，皆特识也。而李淳风所修天文、律历、五行三志，尤为精核。

4.34 魏书之梗概

《魏书》，北齐魏收撰，凡百十四卷。分十二《纪》、十《志》、九十二《列传》。因魏收受尔朱荣父子金，以减其恶。故夙有怨者，时人号为秽史。

4.35 刘知几对于史学之主见

唐刘知几撰《史通》一书，其根本要点计有十二条：

（1）史书可以无表。

（2）天文、艺文不可不志。

（3）篇幅不必命题。

（4）文人不宜作史。

（5）史评之无谓。

（6）叙事尚简。

（7）史书烦省，不必拘泥。

（8）立志录言。

（9）另立都邑、氏族、方物三志。

（10）史体有二，即编年、纪传是也，二者不可偏废。

（11）史贵直书。

（12）作史应用当代方言。

4.36　北齐书之梗概

　　《北齐书》，唐李百药撰。《本纪》八，《列传》四十二，凡五十卷。为续其父德林书而成者。然其书多残缺，后人多采《北史》补之。

4.37　周书之梗概

　　《周书》，唐令狐德棻与岑文本、崔仁师、陈叔达、唐俭等十八人同撰。《本纪》八，《列传》二十四，凡五十卷。令狐德棻在当时修史之十八人中最为先进，各史体例，皆其所定，《周书》乃其一手所成也。

4.38　隋书之梗概

　　《隋书》，唐魏征等撰；《本纪》五，《列传》五十，凡八十五卷。长孙无忌撰志三十卷，序、论皆征自作。纪传为颜师古、孔颖达撰。因执笔者皆文学之士，故全书最简练而完备。

4.39　南北史之梗概

　　唐李延寿病宋、齐、梁、陈诸史与魏、齐、周、隋诸史之烦芜，乃自撰《南》、《北》二史。

　　《南史》八十卷，《北史》百卷，司马温公称为佳史，唯恨其不作志、表，使数代沿革，皆没而不见。

4.40　唐书何以有新旧之分

后晋刘昫等撰《唐书》二百卷，但脱误甚多。及宋世，乃以曾公亮为监修，而令欧阳修、宋祁改删之，成《新唐书》二百二十五卷，其中《本纪》及《志》、《表》为欧阳修所撰，《列传》则为宋祁所撰，于是乃名刘昫等所撰者曰《旧唐书》。

4.41　新旧唐书之比较

《旧唐书》以良臣次宦官，以节义次酷吏，以韩愈文章为纰缪；又无兵志、选举志、及公主、奸臣传。新书皆补之，又增有宰相、方镇、宗室世系表及藩镇传。

4.42　五代史何以有新旧之分

宋初，薛居正等奉诏修《五代史》，凡百五十卷。而欧阳修更搜采异闻，严定史例，私撰《五代史》七十五卷，遂名薛居正等所撰者曰《旧五代史》，欧阳修所撰者曰《新五代史》。

4.43　新旧五代史之比较

宋代金章宗诏学官只用修史，而薛史遂衰。修史只述司天、职方二考，而诸志皆阙。而薛史于礼乐、职官、选举、刑法则甚详。然修史文笔简浮，直追《史记》，复本《春秋》书法，寓褒贬于笔削。此其长也。

4.44　资治通鉴系何人所纂其体制如何

　　宋司马光奉英宗敕，与刘攽、刘恕、范祖禹等历十九年，成《资治通鉴》二百九十四卷，始于周威烈王，迄五代后周世宗显德六年，其间凡一千三百六十二年，皆记其治乱与亡之迹，且以政治之沿革为主，故前后贯通，一丝不乱，遂为编年体首出之书。

4.45　南宋史学家为谁各著何书

　　南宋史学大盛，并多奇创之作。胡宏作《皇王大纪》，罗泌作《路史》，始破除尊经之成例。郑樵作《通志》，又破除断代为史之成例。而《二十略》之作，通括历代政治学术而著之篇，尤为发前人所未发。至于朱熹因《通鉴》作《纲目》，寓以褒贬，袁枢因《通鉴》作《纪事本末》，便于记览。马贵与因唐杜佑《通典》作《通考》，度其体例，皆特殊之著作也。此外刘恕著《通鉴外纪》十卷，目录五卷（录庖牺氏以后至周威烈王二十二年，以与《资治通鉴》相接），金履祥著《通鉴前编》十八卷（与《通鉴外纪》同，乃接《资治通鉴》之前者），及朱熹之《续资治通鉴长编》五百二十卷（接《资治通鉴》之后，录自宋太祖至钦宗之事）。

4.46　资治通鉴纲目为何人所撰

　　司马光撰《资治通鉴》，朱熹本之撰《资治通鉴纲目》九十四卷，取法《春秋》，以道德为标准，寓意褒贬；然其议论迂阔，不免有过于刻薄之讥。但朱熹所撰者只有纲，其目则为其门人赵师渊等受师意而为之者。

4.47　宋史之梗概

　　《宋史》，元脱脱（Takhta）总裁，而出欧阳元、虞集、揭傒斯诸人手。有《本纪》四十七卷，《志》百六十二卷，《表》三十二卷，《列传》二百五十五卷，总凡四百九十六卷。此书之纂，虽在于表章道学，然多存门户之见，此其大弊也。

4.48　辽史之梗概

　　《辽史》元脱脱撰。有《本纪》三十卷，《志》三十三卷，《表》八卷，《列传》四十五卷。内又附《国语解》一卷，总凡百十六卷。按辽原不许国人著作流传邻境，故其书史记录，悉遭兵燹，荡然无存。及脱脱修史，文献足征者甚少，仅就耶律俨、陈大任二家所记者加以编纂，故疏漏之处甚多。唯《国语解》一卷，仿古人音义之意，其例甚善，但乖伪亦不少；至清朝，以之与《金》、《元》二史之国语同加改译，始略得其真矣。

4.49　金史之梗概

《金史》元脱脱撰。有《本纪》九卷，《志》三十九卷，《表》四卷，《列传》七十三卷，总凡百二十五卷。因其材料多刘祁之《归潜志》及元好问之《壬辰杂编》，故称良史。

4.50　元史之梗概

《元史》乃明宋濂、李善长等十余人据元《十三朝实录》所纂。二月开局，八月书成，故失之草率，且缺顺帝元统以后之历史。其后乃命儒士欧阳祐等赴北平采辑遗事，又诏宋濂、王祎总其事而续修之，凡成《本纪》四十七卷，《志》五十三卷，《表》六卷，《列传》九十七卷，共二百十卷。后胡粹中以《元史》详记世祖以前攻战之迹，而略于成宗以后治平之事，且于顺帝时尤为阙失，乃撰《元史》十六卷以补之。

4.51　明朝关于史学之著述为何

明朝史学之著述，除《元史》之外，尚有多种，如柯维骐病《宋史》之芜杂，撰《宋史新编》二百卷，评者谓此书比之《宋史》，要为精简得宜。而陈经撰《通鉴续编》二十四卷，以续司马光《资治通鉴》，然有事实颇近芜杂之评。而胡粹中之《元史续编》为接续此书而作者。后薛应旂亦撰《宋元通鉴》百五十七卷，以续《资治通鉴》，但事实极为复杂，非杰作也。此外陈邦瞻之《宋史纪事本末》二十六卷，及《元史纪事本末》四卷，取舍甚为得当，足以续《通鉴纪事本末》，亦佳作也。

4.52　明史之梗概

　　《明史》，清张廷玉撰。书凡《本纪》十六，二十四卷；《志》十五，七十五卷；《表》五十三卷；《列传》百八十，二百二十卷；目录四卷：总凡三百三十六卷。全书最为完善，盖据王鸿绪《明史稿》，即万季野所编也。其《艺文志》但载明人著述；其例始于宋孝王《关中风俗传》。又立有阉党、流贼、土司三传。故有明一代之正史有事实正确之称。

4.53　清代关于史学之著作为何

　　前清为一切学术复兴之时代，独于史学界之著作，最为寂寥，然亦非无成绩之可言，今举其要者如下：

　　《文史通义》——章学诚撰。

　　《明纪》——陈鹤撰。

　　《资治通鉴后编》——徐乾学撰。

　　《续资治通监》——毕沅撰。

　　《绎史》——马骕撰。

　　《廿二史札记》
　　　　　　　　　　　｝——赵翼撰。
　　《陔余丛考》

　　《十七史商榷》——王鸣盛撰。

　　《廿二史考异》——钱大昕撰。

　　《读史方舆纪要》——顾祖禹撰。

《春秋大事表》——顾栋高撰。

《宋元学案》

　　　　　　　　⎫
　　　　　　　　⎬——黄宗羲撰
　　　　　　　　

《明儒学案》

《读通鉴论》——王夫子撰。

《元史释文证补》——洪钧撰。

《补晋书艺文志》——丁国钧撰。

《御批历代通鉴辑览》——乾隆帝勅撰

4.54   新元史之梗概

《新元史》，共二百五十七卷，为近人胶州柯劭忞撰；本魏源、李文田、文廷式、洪钧诸家之书以成，徐世昌令列入正史。

4.55   清史之梗概

清史馆旧设在北京，北平清之遗老赵尔巽为馆长。此书条例，经缪荃孙及梁任公手订，定有可观云。

4.56   何为三通其内容如何

三通者，即《通典》、《通志》、《通考》是也，皆为政书。《通典》唐杜佑撰，凡二百卷八类。自肃宗、代宗间，上溯唐虞，纲罗百代，兼总而条贯之。《通志》宋郑樵撰，凡二百卷。仿历代史例，自三代至唐，有《本纪》、《列侯年谱》及略。其中之《二十略》皆郑氏自出新意，非前人所有。《通考》

元马端临撰，凡二十四类，类各有考，共三百四十八卷。其议论本诸经史而可据，其制度则会之典礼而可行。凡与治道有关者，无不条分汇列，井井然也。

4.57 通典通志通考之比较

郑氏主于考订，故旁及细微。马氏意在精详，故间出论断。杜氏则自序云：所纂《通典》，实采群言，征诸人事，将施有政。"故简而要，核而不文。此其相异之点也。

4.58 何谓九通

唐杜佑之《通典》、宋郑樵之《通志》、元马端临之《通考》，旧称三通。至清乾隆时敕撰《续三通》（即《续通典》、《续通志》、《续文献通考》）。又撰皇朝三通（《皇朝通典》、《皇朝通志》、《皇朝文献通考》），合称九通。

4.59 五纪事本末各为何人撰述

《左传纪事本末》五十三卷——清高士奇撰。

《通鉴纪事本末》四十二卷——宋袁枢撰。

《宋史纪事本末》二十六卷——明陈邦瞻撰。

《元史纪事本末》四卷——明陈邦瞻撰。

《明朝纪事本末》八十卷——清谷应泰撰。

4.60　史籍之注释分几种

史籍既多,注疏踵起。注释有二:一曰注训诂,如裴骃、徐野民之于《史记》,应劭、如淳之于《汉书》是。二曰注事实,如裴松之之于《三国志》是。前者于史迹无其关系,后者则与本相辅矣。

4.61　关于史籍之考证有何著述

考证者,所以审定史料之是否正确,实为史家求征信之要具。《隋书·经籍志》有刘宝之《汉书驳议》,姚察之《定汉书疑》,盖此类书之最古者。司马光既写定《通鉴》,即自为《考异》三十卷,亦著述家之好模范也。清代最著者如钱大昕之《廿二史考异》,王鸣盛之《十七史商榷》,赵翼之《廿二史札记》。其他关于一书一篇一事之考证,往往析入毫芒,不可胜数也。

4.62　史评分几种试略述之

史评有二:一曰批评史迹者;一曰批评史书者。批评史迹者,对于历史上所发生之事项而加入评论,如吕祖谦之《东莱博议》,张溥之《历代史论》,王夫之之《读通鉴论》、《宋论》是也。批评史书者,质言之,则所评即为历史研究法之一部分,而史学所赖以建设也。自有史以来二千年间,得三人焉:在唐则刘知几,其学说在《史通》;在宋则郑樵,其学说在《通志总

序》及《艺文略》、《校雠略》、《图谱略》；在清则章学诚，
其学说在《文史通义》。

4.63 文史通义之大意为何

章学诚《文史通义》一书，独具特识，为史学界开一新天
地。其自述云："郑樵有史识而未有史学，曾巩具史学而不具史
法，刘知几得史法而不得史意，此予《文史通义》所为作也。"
又曰："吾于史学，自信发凡起例，多为后世开山。而人乃拟吾
于刘知几；不知刘言史法，吾言史意；刘议馆局纂修，吾议一家
著述。"又曰："《史通》之为书也，盖伤当时载笔之士，其义
不纯；思欲辨其指归，殚其体统。其书虽以史为主，而余波所
及，上穷王道，下掞人伦……盖谈经者恶闻服、杜之嗤，论史者
憎言班、马之失，而此书多讥往哲，喜述前非，获罪于时，固其
宜矣。"观此，可知其书之意义也。

4.64 六经皆史之说起于何时

章学诚《文史通义》曰：六经皆史也。古人不著书，古人未
尝离事而言理。六经，先生之政典也。按章氏之说，盖出于刘氏
之《史通》，《史通》论史，别为六家二体，六家者，一曰尚书
家，二曰春秋家，三曰左传家，四曰国语家，五曰史记家，六曰
汉书家。二体者，即编年与纪传也。此与《汉书·艺文志》大致
相同。

4.65 历代读史最精者为谁

隋刘臻精于《西汉书》，人称汉圣。宋范祖禹熟唐事，著《唐鉴》，人称唐鉴公。清代马骕熟三代事，撰《绎史》，人称马三代。此历代治史学最精者也。

4.66 读史方舆纪要之体制如何

顾祖禹之《读史方舆纪要》有组织，有断制，全书百三十卷，一气呵成为一篇文字；以地理形势为经，而纬之以史迹，其善于驾驭史料，盖前人所莫能逮。故魏禧称为"数千百年绝无仅有之书"也。

4.67 马骕绎史之价值

马骕《绎史》百六十卷，自上古以至秦末之事迹，博据古籍，仿纪事本末体，搜录于各题目之下，故一读此书，即可知古书之异同、伪作、依托、附会诸事，在史料上，有其不朽之价值。

4.68 春秋大事表之体制如何

顾栋高之《春秋大事表》，将全部《左传》析碎，而自立门类以排比之。于一时代之史迹，能深入而显出，足以自附于述作之林者也。

4.69　试述廿二史札记之价值

赵翼之《廿二史札记》，虽于钱大昕之《廿二史考异》，王鸣盛之《十七史商榷》齐名，然性质有绝异处。钱、王皆为狭义之考证，赵则教吾侪以搜集史料之法。昔人言"属辞比事，春秋之教"，赵书盖最善于比事也。此法自宋洪迈《容斋随笔》渐解应用，至赵而其技益进焉。

第五编　子　　学

5.1　何谓子学

周秦诸子，各成一家之言，著书诏后世；后世群书，不能归入经史者附于子部，蔚成大观。盖子学者，非经常之道也，而因其有充足之理由，故曰子学。

5.2　子书与经学之关系

子书有益于经学者，约有三端：一佐证事实，二证补诸经讹文、佚文，三兼通古训、古音韵。然此乃指周秦诸子言，汉魏亦有之，李唐之后，子书最杂，且亦不足观也矣。

5.3　诸子别为几家又何谓九流

诸子别为十家，即儒家、道家、阴阳家、法家、名家、墨家、纵横家、杂家、农家、小说家是。自儒家至农家称曰九流，此据《汉书·艺文志》而言者也。

5.4　试述诸子之派别

春秋战国之思潮可分为四派，兹分述之：

一、邹鲁派——标榜仁义，孔孟为其中心。

二、陈宋派（荆楚派）——以鼓吹虚无、无为为主旨，老子、庄子为中心，墨子，宋钘、许行、陈相、陈辛为其支派。

三、燕齐派——务为空疏迂怪之谈，驺衍、驺奭、淳于髡、田骈为其中心。

四、郑卫派（三晋派）——倡导法术，以申不害、公孙鞅、慎到、韩非为其中心，邓析、惠施、公孙龙、魏牟为其支派。

5.5　试述诸子之渊源

据班固《汉书·艺文志》之说，以儒家源出司徒之官，道家源出史官，阴阳家源出羲和之官，法家源出理官，墨家源出清庙之官，名家源出礼官，纵横家源出行人之官，杂家源出议官，农家源出农稷之官，小说家源出稗官，兵家源出司马之职，术数源出明堂、羲和、史卜之职，方技源出王官。

5.6　试述儒杨法道墨名各家之中心人物

儒家——孔子为儒家之祖，其说以仁为本。

杨家——杨朱为杨家之祖，主为我，与兼爱说相反。

法家——李悝为法家之祖，其说以正刑名为本。

道家——老子为道家之祖，倡无为虚无之说。

墨家——墨翟为墨家之祖，主兼爱，尚节俭。

名家——以邓析、公孙龙为最著，如白马非马、鸡三足、臧三耳，皆其得意之作。

5.7 诸子百家之书传于今者为何

诸子百家之书传于今者，计有：《孟子》、《鹖子》、《老子》、《列子》、《孙子》、《韩非子》、《尹文子》、《慎子》、《尸子》、《吕氏春秋》、《吴子》、《荀子》、《管子》、《关尹子》、《鹖冠子》、《商子》、《邓析子》、《公孙龙子》、《墨子》、《尉缭子》等，其他如尸佼、彭蒙、慎到、许行、驺奭、驺衍、田骈、陈仲、鬼谷子等，虽各倡一说，然皆无书可传也。

5.8 何谓六家要旨

司马谈论六家，谓：阴阳家长于序四时之顺；儒家长于序君臣父子之礼；墨家长于强本节用；法家长于正君臣上下之分；名家长于控名责实；道家使人精神专一，动合无形，赡足万物也。

5.9 儒家之要旨

儒家者流，盖出于司徒之官，助人君顺阴阳，明教化者也。游文于六经之中，留意于仁义之际；祖述尧舜，宪章文武，宗师仲尼，以重其言，于道为最高。然惑者既失精微，而辟者又随时抑扬，远离道本，是以五经乖析，儒学渐衰，此陋儒之患也。

5.10 道家之要旨

道家者流，盖出于史官，历纪成败、存亡、祸福古今之道，然后知秉要执本，清虚以自守，卑弱以自持；此君人南面之术也。合于尧之克让，《易》之嗛嗛，一谦而四益，此其所长也。

5.11 阴阳家之要旨

阴阳家者流，盖出于羲和之官，敬顺昊天，历象日月星辰，敬授民时，此其所长也。但拘者为之，则牵于禁忌，泥于小数，舍人事而任鬼神，此其末流之弊也。

5.12 法家之要旨

法家者流，盖出于理官，信赏必罚，以辅礼制。《易》曰：先王以明罚饬法，此其所长也。然刻者为之，则无教化，去仁爱，专任刑法，而至于残害至亲，伤恩薄厚，此其末流之弊也。

5.13 名家之要旨

名家者流，盖出于礼官，古者名位不同，礼亦异数。孔子曰：必也正名乎？名不正，则言不顺，言不顺，则事不成。此其所长也。

5.14　墨家之要旨

　　墨家者流，盖出于清庙之守，茅屋采椽，是以贵俭；养三老五更，是以兼爱；选士尚射，是以尚贤；宗祀严父，是以右鬼；顺四时而行，是以非命；以孝视天下，是以尚同；此其所长也。然蔽者为之，见俭之利，因以非礼，推兼爱之意，而不知别亲疏，此其弊也。

5.15　纵横家之要旨

　　纵横家者流，盖出于行人之官。孔子曰：诵《诗》三百，使于四方，不能专对，虽多亦奚为？又曰：使乎？使乎？言其当权事制宜，受命而不受辞，此其所长也。然邪人为之，则尚诈谖而弃其信，是其弊也。

5.16　杂家之要旨

　　杂家者流，盖出于议官，兼儒墨，合名法，知国体之有此，见王治之无不贯，此其所长也。然荡者为之，则漫羡而无归心，是其弊也。

5.17　农家之要旨

　　农家者流，盖出于农稷之官，播百谷，劝耕桑，以足衣食，故八政一曰食，二曰货。孔子曰：所重民食。此其所长也。然鄙者为之，以为无所事圣王，欲使君臣并耕，悖上下之序。此其末流之弊也。

5.18 小说家之要旨

小说家者流，盖出于稗官，街谈巷语，道听途说者之所造也。孔子曰：虽小道必有可观者焉，致远恐泥，是以君子弗为也。然亦弗灭也。闾里小知者之所及，亦使缀而不忘。如或一言可采，此亦刍荛狂夫之议也。

5.19 略述孔子之事迹及其学说

孔子，名丘，字仲尼。生于纪元前五五一年鲁之昌平乡。十五岁即志于学，三十而学成，五十五岁仕于鲁定公，未一年而国政大整，遂为司寇。至哀公时，齐人送女乐，哀公受之，乃辞官而去，周游列国者十有八年。归鲁后，设教杏坛，弟子三千余人，身通六艺者七十有二；德行则数颜渊、闵子骞、冉伯牛、仲弓；政治则数冉有、季路；言语则数宰我、子贡；文学则数子游、子夏；是为孔门之十哲。孔子乃叙《书》删《诗》，序《易》作《春秋》，其学说以仁为人类行为之根本，以修身、齐家、治国、平天下为目的，以诗、书、礼、乐为至德之工具。门人集录其言行为《论语》二十篇，可以窥知孔子学说之根本。氏以纪元前四七九年寿七十三而卒。

5.20　试述老子略传及其著书

老子姓李，名耳，字伯阳，谥曰聃，楚苦县厉乡曲仁里（在今河南省鹿邑县）人也。据胡适谓孔子见老子在三十四岁与四十一岁之间，老子比孔子至多不过大二十岁，老子当生于周灵王初年，当西历前五七〇年左右。据《史记·列传》谓老子曾为周之守藏史，居周甚久。后见周室衰微，乃西去。当其过关时，关令尹喜曰："子将隐矣，请强我著书。"于是老子乃著书上下篇，言道德之意，凡五千余言，飘然而去，不知所之。

5.21　老子之人生哲学

老子之人生哲学，是要人无知无欲，所谓："见素抱朴，少私寡欲"是也。因为知识愈高，欲望愈难满足，致生无限烦恼，倒不如无思虑之初民，可以混混沌沌，自寻乐趣。老子常劝人知足。彼曰："知足不辱，知止不殆……罪莫大于可欲，祸莫大于不知足，咎莫大于欲得，故知足之足常足矣。"此外尚有一重要观念，是不争主义。由此可知老子之人生观，皆受成于道，听命于自然。换言之，即："人法地，地法天，天法道，道法自然。"此即老子之人生哲学也。

5.22　老子之政治哲学

老子之政治学说，反对有为的政治，主张无为自然之政治。彼以"愚黔首"为政治之要件。彼曰："古之善为道者，非以明民，将以愚之。民之难治，以其智多，故以智治国，国之贼；不以智治国，国之福。"又曰："绝圣弃智，民利百倍；绝仁弃义，民复孝慈；绝巧弃利，盗贼无有。"彼唯望民之无智，赞成极端的放任。在政治理论上，其具体政策在减裁官吏。彼曰："民之饥也，以其上食税者多也，是以饥；民之难治也，以其上之有为也，是以难治。"总之，彼一面减少利欲之念，一面要减裁冗员。使民以时，则民必勇于公事，政令行，国用节，民服其德，以完成自由之社会。

5.23 老子哲学思想之由来

大凡哲学思想，全为当时社会政治之现状所唤起之反动，社会阶级之秩序破坏，政治之组织不但不能救补维持，并且呈现同样之腐败纷乱。有心人睹此现状，拟寻一补救之法，于是有老子之政治思想。但老子若单有一种革命之政治学说，亦不得谓之哲学。老子观察政治社会之状态，从根本着想，要根本解决，遂为中国哲学之始祖。

5.24 老子之注释及参考书

《老子》王弼注二卷，附陆德明释文，为浙局二十二子本。此外有世德堂河上公章句本。梁任公云："《老子》注释书，未有极当意者，专读白文，自行寻索为妙。"参考书则有：王念孙《读书杂志余稿》上卷，俞樾《诸子评议》——《春在堂全书》第三帙《老子评议》一卷。

5.25 杨朱之略传及著书

杨朱字子居，年代不明，或谓彼为老子之弟子。或曰：非也，彼为老子学派之一脉。据孟子所说，彼时杨朱一派之学说已能与儒家、墨家，三分中国。如《孟子·滕文公下》云："杨朱墨翟之言，不归于杨，则归于墨。"《尽心下》云："能言诟杨墨者，圣人之徒也。"《杨朱篇》记墨子弟子禽子与杨朱问答，由此可知他和墨子当为同时人，后于孔老，先于孟庄，当在西历纪元前四四〇年与三六〇年之间。其著书别无整篇，唯有孟庄韩诸子中之零碎记事，及《列子》中之《杨朱篇》而已。此篇当系关于杨子最可凭信之史料。

5.26 杨朱之人生哲学

杨朱之人生哲学，为一种极端之为我主义，他说："有生之最灵者人也。人者，爪牙不足以供守卫，肌肤不足以自捍御，趋走不足以逃利害，无毛羽以御寒暑，必将资物以为养，性任智而不恃力。故智之所贵，存我为贵；力之所贱，侵物为贱。"此为为我主义之根本观念。一切有生命之物，皆有存我之天性，此为天然之趋向，本身并无所谓道德不道德。杨子之为我，非损人以利己也。彼云："古之人损一毫利天下，不与也。悉天下奉一身，不取也。人人不损一毫，人人不利天下，天下治矣。"由此可知杨氏一面贵"存我"，一面又贱"侵物"，一面说"损一毫利天下不与也"，一面又说"悉天下奉一身不取也"。他只要"人人不损一毫，人人不利天下"。此乃杨氏之根本学说。

5.27　杨朱极端放逸之原因

（一）由于当时时势纷乱之反动——痛苦之时局，生命财产朝不保夕，故人多发生此种厌世的悲观。试观《唐风·山有枢》一诗便知：

山有枢，隰有榆。

子有衣裳，弗曳弗。

子有车马，弗驰弗驱。

宛其死矣，他人是愉。

……

山有漆，隰有栗。

子有酒食，何不日鼓瑟？

且以喜乐，且以永日！

宛其死矣，他人入室！

因此晚周发生极端消极之哲学，亦意中事也。

（二）受老子无名主义之影响——无名主义，发达到极端时，极易造成狭隘的为我主义。为我主义之出发点，完全根据老子之无名学说，所以老子、杨子之名学根本相同。

5.28　杨子学说不流传之原因

(一)杨氏主张无名主义，彼云："死后之名，非所取也。"故彼不希望著作传世。

（二）中国人为大平原之民族，富于中和性，此种极端的为我主义；不容易永久占有普遍之势力。

5.29 列子为何人撰述

列子名御寇,郑人。《天瑞篇》云:"子列子居郑国十年,人无识者,国君卿大夫视之如众庶。"彼著书八篇曰《列子》,但此书自刘向、柳宗元以至梅曾亮及近人马夷初氏,皆怀疑此书为不可靠。梅氏云:"《列子》剽窃《庄子》,其书非《庄子》及诸子书所有者,文气均甚卑,不类周秦时文。"此言极是。近人马夷初作《列子伪书考》(见《国故》一号至三号),从内容及历史上,论证此书为魏晋间王弼之徒所伪作。《列子》虽为伪书,若用以研究晋以前之思想,或用以为研究庄子思想之参证,亦未尝不可。

5.30 庄子略传及著书

庄子名周,宋蒙人(今河南归德),曾作蒙漆园吏。与梁惠王、齐宣王同时,又时与梁国宰相惠施相往来,楚威王命使者厚币迎之,许之以宰相,庄子笑对使者曰:"千金重利也,卿相重位也。子独不见郊祀之牺牛乎?养食者数岁,衣以文绣,入于太庙。当此时也,虽欲为孤豚,岂可得乎?子亟去,毋污我,我宁游戏于污渎之中以自快,不为有国者之所羁。"终身不任,高尚其志。大约彼死时当在西历纪元前三七五前左右,正当惠施、公孙龙两人之间。

庄子著书,依《汉书·艺文志》为五十二篇,晋郭象删定一遍,成三十三篇:内篇七,外篇十五,杂篇十一。其中内篇七篇大致可信,外篇与杂篇多不可靠。如《让王》、《说剑》、《盗

跖》、《渔父》诸篇文笔极劣，全为假托，此二十六篇中，十之
九为赝造。大抵《秋水》、《庚桑楚》、《寓言》三篇最多可靠
之材料。《天下篇》为一篇绝妙之后序，文品甚高，亦非庄子自
作。其余若干篇，概为后人所杂凑者。

5.31　庄子之人生哲学

庄子人生哲学，只是一个达观主义，对于人生一切寿夭、生
死、祸福等，一概归到命定。彼云："古之真人，不知说生，不
知恶死。其出不诉，其入不距。翛然而往，翛然而来而已矣。不
忘其所始，不求其所终。受而喜之，忘而复之。是之谓不以心揖
道，不以人助天，是之谓真人。"这些乐天安命之意。

5.32　庄子与墨子名学之不同

辩胜便是当，当的终必胜，此为墨家名学之精神。庄子却大
不以为然，彼谓你虽胜我，难道你便真是？我便真不是？墨家因
深信辩论可以定是非，故造出许多论证之方法，遂为中国古代名
学史放一大光彩。庄子因为不信辩论可以定是非，所以他的名学
之第一步，只是破坏的怀疑主义。

5.33　庄子之注释及参考书

《南华真经》十卷，晋郭象注，唐陆德明音义。又郭庆藩
有《庄子集释》十卷，王先谦有《庄子集解》八卷，繁约不
同，皆佳本也。近人章炳麟有《齐物论释》一卷——《章氏丛

书》第二帙。

5.34 老庄杨三家根本相同之点

老庄杨三家在人生思想上虽有差别，但其人生哲学之根本主张，都是一贯，皆以"道"做骨子，因道法自然，故都是一种自然主义。兹列表如下：

道家 ｛ 庄子从"物"字上着眼，故主张"齐物"——近于出世
杨子从"我"字上着眼，故主张"为我"——近于任世
老子从"名"字上着眼，故主张"无名"——近于入世 ｝ 自然主义

5.35 荀子之略传及著书

荀子名况，字卿，赵人。曾游学于齐国，后游秦赵，最后至楚，时春申君当国，使荀卿作兰陵令。春申君死后，荀卿遂在兰陵住家，死于兰陵。时在西纪前二三〇年左右。彼之著书在刘向校雠时，有三百二十三篇，向削其重复约为十分之一；然今本中杂驳处尚多，就中《大略》、《宥坐》、《子道》、《法行》诸篇，都从诸书杂集而来。只《天论》、《解蔽》、《正名》、《性恶》、《非十二子》诸篇，为荀子之精华所在。

5.36 荀子之性恶说

《荀子·性恶篇》曰："人之性恶，其善者伪也。今人之性生而好利焉，顺是故争夺生，而辞让亡焉。生而有疾恶焉，顺是故残贼生，而忠信亡焉。生而有耳目之欲，声色之好焉，顺是故

淫乱生，而礼义文理亡焉。然则从人之性，顺人之情，必出于争夺，合则犯分夺礼而归于暴，故必将有师法之化，礼义之道，然后出于辞让，合于文理，而归于治。用此观之，然则人之性恶明矣。"此为性恶说之根据。

5.37 孟荀性论所以不同之点

孟子将"性"字包含一切"善端"，如恻隐之心之类，故谓性善。荀子将"性"包含一切"恶端"，如好利之心，耳目之欲之类，故谓性恶。此皆由于根本观点不同之故。孟子又以为人性含有"良知良能"，故谓性善。荀子又否认此说。彼云："夫工匠农贾，未尝不可以相为事也，然则未尝能相为事也。用此观之，然则可以为，未必为能也。虽不能，无害可以为。然则能不能之与可不可，其不同远矣。"例如："目可以见，耳可以听。"但是可以见未必就能见得明，可以听未必就能听得聪，此皆驳孟子"良知良能"之说。

5.38 墨子略传及著书

墨子名翟，鲁国人，为宋大夫，生于孔子末年，大抵和子思同时代，推考其年月，当在西纪前五〇〇年至四二〇年。其著书《汉志》有七十二篇，今本只五十三篇，近人胡适将此五十三篇分作五组：

第一组——自《亲士》至《三辩》，凡七篇，皆系伪造。前三篇全无墨家口气，后四篇乃根据墨家余论所作。

第二组——《尚贤》、《尚同》、《兼爱》、《非攻》各三

篇，《节用》两篇，《节葬》一篇，《天志》三篇，《明鬼》一
篇，《非乐》一篇，《非命》三篇，《非儒》一篇。凡二十四
篇，大抵皆墨者演墨子之学说而作。

第三组——《经》上下，《经说》上下，《大取》、《小
取》六篇，非墨子作，亦非墨者记墨子学说之书，乃惠施、公孙
龙之"别墨"所做，因此六篇决非墨子时代所能发生。

第四组——《耕柱》、《贵义》、《公孟》、《鲁问》、
《公输》五篇，如儒家之《论语》，为墨家后人记载墨子一生言
行者。

第五组——自《备城门》以下至《杂守》，凡十一篇，所记
皆为墨家守城备敌之方法，于哲学无关。

研究墨学者，可先读二四两组，后读第三组。其余二组，不
必细读。

5.39　墨子是否为宗教家

墨子为宗教家；彼反对儒家，一面不信鬼神，一面却讲究
祭礼丧礼。彼云："不信鬼神，却要学祭礼，这不是没有客却行
客礼么？这不是没有鱼却下网么？"故墨子虽不重丧葬祭祀，却
极信鬼神及天。天有意志，天之"志"要人兼爱，凡事应以"天
志"为标准。

墨子为实行之宗教家，主张节用及废乐，所以彼教人吃苦
修行。要使后世墨者，都要"以裘褐为衣，以跂蹻为服，日夜不
休，以自苦为极。"此"墨教"之特色也。

5.40　"兼"和"别"之分别

墨子云："兼以易别。"彼替君主起个号叫"别君"，士大夫叫"别士"，他们"墨者"叫做"兼士"。兼和别之分就是：承让私有权者叫做"别"，不承认私有权者叫做"兼"。

5.41　何谓钜子

钜子之有姓名可考见者，有孟胜、田襄子、腹䵍三人，很像天主教皇，大约并时不能有两人。教皇是前皇死，新皇由教会公举。钜子却是前任指定后任，颇似禅家之传衣钵。

5.42　墨子之兼爱说

天志要人兼爱，兼爱为实际上之要务。彼云："圣人以治天下为事者也。不可不察乱之所自起，当察乱之何自起？起不相爱……盗爱其室，不爱其异室，故窃异室以利其室。贼爱其身，不爱人，故贼人以利其身……察此何自起，皆起不相爱。若使天下……视人之室若其室，谁窃？视人身若其身，谁贼？……视人家若其家，谁乱？视人之国若其国，谁攻？……故天下兼相爱则治，交相恶则乱。"此乃《兼爱》上之语。其中下两篇谓因"兴天下之利，除天下之害"，所以要兼爱。

5.43　墨家传授之派别

墨家传授之派别，仅见于《韩非子·显学篇》及《庄子·天下篇》，两处所说，互相印证，今列表如下：

墨学（据《韩非子》）　$\begin{cases} 相里氏 \\ 相夫氏 \\ 邓陵氏 \end{cases}$

墨学（据《天下篇》）　$\begin{cases} 相里勤——五侯之徒 \\ 南方之墨者 \begin{cases} 苦获 \\ 已齿 \\ 邓子 \end{cases} \end{cases}$

5.44　惠施之历物十事为何

惠子之学说，如今所传，尽在《庄子·天下篇》中，原文是：

惠施……历物之意曰：

（1）至大无外，谓之大一；至小无内，谓之小一。

（2）无厚不可积也，其大千里。

（3）天与地卑，山与泽平。

（4）日方中方睨，物方生方死。

（5）"大同"而与"小同"异，此之谓"小同异"。万物毕同毕异，此谓之"大同异"。

（6）南方无穷而有穷。

（7）今日适越而昔来。

（8）连环可解也。

（9）我知天下之中央：燕之北，越之南，是也。

（10）泛爱万物，天地一体也。

依章太炎《明见篇》谓：（1）、（2）、（3）、（6）（7）、（8）、（9）各条论一切空间之分割区别，皆非实有。（1）、（4）、（7）各条论一切时间之分割区别皆非实有。第（5）条论一切同异皆非绝对。第（10）条为以前九种辩证之断案。

5.45 公孙龙子之白马非马论

白马非马论，为研究概念之分析。白以名色，马以名形，名形者不含色之概念，名色者不含形之概念。今白马合形色而为一，故从马之自相上讲，便非马之议论。"盗非人"、"狗非犬"与此相同。

5.46 公孙龙子之坚白论

坚白论为其知觉分析论。本来"坚白石"依触觉则坚，视觉则白，而物体自身则为石、坚之性质、白之性质、及石之物质三概念集合而成。故彼从感觉上分，白石和坚石异种类。彼云："无坚得白，其举也二。无白得坚，其举也二。""视不得其所，坚而得其所白者，无坚也，拊不得其所白而得其所坚者，无白也……"其大旨谓若无心官之作用，则但有"坚"之感觉和"白"之感觉，决不能有一个"坚白石"之知识。

5.47 辩者二十一事为何

《庄子·天下篇》载有桓团、公孙等之辩说二十一则：

（1）卵有毛。

（2）鸡三足。

（3）郢有天下。

（4）犬可以为羊。

（5）马有卵。

（6）丁子有尾。

（7）火不热。

（8）山出口。

（9）轮不蹍地。

（10）目不见。

（11）指不至，至不绝。

（12）龟长于蛇。

（13）矩不方，规不可以为圆。

（14）凿不围枘。

（15）飞鸟之影未尝动也。

（16）镞矢之疾，而若不行不止之时。

（17）狗非犬。

（18）黄马骊牛三。

（19）白狗黑。

（20）孤驹未尝有母。

（21）一尺之棰，日取其半，万世不竭。

胡适将此二十一事分为四组：

第一论空间时间一切区别都非实有：（3）、（9）、（15）、（16）、（21）。第二论一切同异都非绝对，此组又分两层：

（甲）从"自相"上看来，万物毕异：（13）、（14）、（17）。

（乙）从"共相"上看来，万物毕同：（1）、（5）、（6）、（12）。

第三论知识：（2）、（7）、（10）、（11）、（18）。

第四论名：（4）、（19）、（20）。

5.48 墨学灭亡之原因

当韩非之时，墨学甚盛。故《显学篇》云："世之显学，儒墨也。"韩非死于秦始皇十四年，至司马迁作《史记》不过百五十年，那时墨学早已销灭。故《史记》中无墨子之列传，其销灭神速之原因有三：

第一，由于儒家之反对——汉兴以后，罢黜百家，独尊孔氏。故墨学无兴盛之希望。

第二，由于墨家学说之遭政客猜忌——墨学在战国末年，已有衰亡之象，尔时战争最烈，各国不欢迎兼爱非攻之墨家。

第三，由于墨家后进之诡辩太微妙——别墨惠施、公孙龙有极妙之学说，不用明白晓畅之文字来讲解，却用极怪僻之诡辞互相争胜，终身无穷。时当干戈云扰之秋，各国所需要者为军人、政客两种人才，不但不欢迎这种诡辩，并且有人极力反对。

5.49　研究墨学宜读何书

（1）张惠言《墨子经说解》（上海神州国光社本）

（2）孙诒让《墨子闲诂》

（3）章炳麟《国故论衡》下卷

（4）梁任公《墨子学案》

（5）胡适《中国哲学史大纲》之《别墨》

5.50　管子之略传及著书

管仲字夷吾，颍上人，卒于周襄王七年，当西历前六四五年。生时辅齐桓公伯诸侯，攘夷狄。孔子曰：“微管仲，吾其被发左衽矣。”其著书曰《管子》。《汉志》有八十六篇，但现行本只七十六篇。此书要为战国时代敷衍管子之言行而作。在研究春秋战国时代之经济思想上，为重要之资料。

5.51　管子之三纲领三本四固五事为何

管子治国之三纲领：第一为富民，第二为教育民，第三为尊敬神明。至于具体之政策即三本、四固、五事。三本为为政之资格，四固为治国之方法，五事为富国策。三本者，即“德不当其位，功不当其禄，能不当其官”是也。四固为（一）虽大德如非至仁，亦不可授以国柄。（二）见贤不能让者，不可与以尊位。（三）避亲贵之人，不可使主兵事。（四）不可不好本事（农业），不可不务地利，不可轻赋敛而化成都邑。五事则为经济策：（一）山泽不救（警）火，草木不殖成，则国贫——奖励殖林事业。（二）沟渎隑而不遂，鄣水不安其藏，则国贫——图灌溉之利，谋农产物之增殖。（三）桑麻不殖于野，五谷不宜于地，则国贫——戒浮华奢侈。此外尤有堪大书特书者，即开铸，采铜，煮海盐，捕鱼介，卖之于山西诸国，而收其关市之税以益国库一事，真是破天荒之积极政策。

5.52　申不害之略传及著书

申不害，郑国京邑人，仕韩昭侯为相，周显王三十二年卒，当西历前三三七年。其著书，《史记》说二篇，《汉书·艺文志》说六篇，但今都不传，只《玉函山房辑佚》录其断片而止。诸子中，如《荀子·解蔽篇》及《韩非子·外储说左、右》诸篇中之记载，可作资料。

5.53　商子之略传及著书

商君姓公孙，名鞅，卫之庶公子。少好刑名，初事魏相公叔痤为中庶子，叔痤死后入秦，献富国强兵策，遂为秦相，伐魏有功，封于商十五邑，号称商君。孝公卒，被刑死于秦，时西历前三三八年也。其著书，《汉志》谓二十九篇；现存二十四篇，为后世法家之徒所假托，而非其自撰。

5.54　商子之富国强兵策为何

商子之富国强兵策，第一主张农本主义。第二为重关市，禁奢侈，减商人，以求农民增加，使之开垦原野；又立分家法，废井田制，招三晋之百姓，以图人口加多，一朝有事，粮与兵皆可以无缺。第三为强兵计，力持信赏必罚之说。

5.55　管子之内治为何

管子内治有三法：（一）法，（二）信，（三）权。法为君子所共操，信为君臣所共立，权为君所独制。其中尤重法，彼云明主当慎法制，言不中法者勿听，行不中法者勿高，事不中法者勿为。（《君臣篇》）彼所谓法只许遵行，不许横议，始终以愚民为事，使之从事于农业和战争，为极端之专制主义，有史以来，殆无其匹焉。

5.56　韩非子之略传及著书

韩非为韩国之公子，喜刑名法术之学，与李斯同受业于荀子。时韩国国事日非，屡上书韩王，皆不见用，乃著《说难》、《孤愤》、《五蠹》、《内外储说》、《说林》，著十余万言，自述其志后出使秦国，因李斯姚贾之谮，遂收韩非下狱。李斯使人送药与韩非，遂死狱中，时为西历前二三三年也。其著书五十五篇。《初见秦》、《存韩》二篇为后人伪托，古人已有定评。《有度》、《忠孝》、《人主》、《饬令》诸篇亦似后人附益。即《内外储说》、《说林》、《说难》、《孤愤》中，亦有为后人引伸之处。其中韩非自撰者，且能为其学说之中心者，则为《难势》、《问辩》、《定法》、《诡使》、《六反》、《五蠹》、《显学》诸篇。

5.57　淮南子为何人撰述

《淮南子》原名《鸿烈》，共二十一篇，为淮南王刘安及其宾客苏飞、李尚等所编述。内容驳杂，首尾不能一贯，且多前后矛盾处。但其文辞绚烂，颇有可取之处。

5.58　颜氏家训政辅本末金楼子各为何人所撰

《颜氏家训》为北齐颜之推所撰。述立身治家之法，辩正时俗之谬，以训子孙者也。《政辅本末》为宋代李纲所撰，兵家言也。《金楼子》为梁元帝所撰。其《绎书》十篇，论历古兴亡之迹。

5.59　孙子太公阴符鬼谷子各为何人所撰

近世所传《孙子》系孙武之兵书。《太公阴符》为唐李筌依托所作。《鬼谷子》则系苏少游依托所作。

5.60　太玄经及法言为何人撰述

扬雄仿《易经》著《太玄经》十卷，仿《论语》著《法言》十卷。前者为实在论，关于宇宙现象之原理及宇宙发展之方式。后者则关于道德、政治、学术以及人物之品骘。

5.61　何谓七略

　　刘歆嗣父向之业，检校祕书，总括群篇，撮其要指，著为七略：一曰集略，二曰六艺略，三曰诸子略，四曰诗赋略，五曰兵书略，六曰术数略，七曰方技略。

5.62　论衡潜夫论抱朴子各为何人所著

　　《论衡》凡八十五卷，为王充所撰。《潜夫论》凡三十卷，为王符所撰。《抱朴子》凡七十二卷，为葛洪所撰，分内外二篇，外篇属儒家言，内篇系道家言。

5.63　隋唐二代子学之情形若何

　　隋代统一天下，书补残缺，对子书亦多整理。炀帝之世，分群书为四部。东屋藏甲乙，西屋藏丙丁。丙部即为子书，凡八百五十三部，六千四百三十七卷。合而叙之，为十四类，即儒、道、法、名、墨、纵横、杂、农、小说、兵、天文、历数、五行、医才是也。迄乎唐代，子学浸衰。玄宗至尊老子为太上玄元黄帝，庄、列、文、庚桑诸子为真人。去子学愈远矣。当开元盛时，承隋之制，分诸书为四部，其丙部即子书，亦分如隋之十四类。其后又增为十七类，计七百五十三部，书凡一万五千六百三十七卷。此隋唐子学之大概情形也。

5.64　宋元明三代之学之情形若何

宋代仿开元之制，有所谓崇文总目。然吕公著于元祐元年，请令禁主司不得出题老庄书，举子不得以韩申佛学为学，故当时学者多诋斥子书，目为异端邪说，屏弃而不观焉。至于金元则蒙古蛮族，文字不通，享祚又浅，徒追慕之而已。明太祖灭元之后，曾极力访求遗书。正德万历中，叠加修掇，号称详博。然李延机以子书盛行，目为异端害教，以翰院讲官排斥子学，上疏请求严禁。斯时子学沉沦极矣。总之自秦焚书而后，子学殊无进步，且多销亡于无形之中，至可惜也。

5.65　清代子学之情形若何

清代古文学者辈出，于数千年残缺之子书，详加考辑，尚有可观。惜其间著作，除唐子《潜书》及贺氏《激书》而外，大都强附子，类毫无新义，实则不过文集而已。

5.66　清姚际恒著古今伪书考所指子部伪者为何

姚际恒所指子部伪书有：《鬻子》、《关尹子》、《子华子》、《亢仓子》、《晏子春秋》、《鬼谷子》、《尹文子》、《公孙龙子》、《商子》、《鹖冠子》、《慎子》、《於陵子》、《孔丛子》、《文中子》、《六韬》、《司马法》、《吴子》、《尉缭子》、《黄石公三略》、《素问》、《灵枢》、《神农本草》、《列仙传》、《文子》、《庄子》（以《盗

跖》、《渔父》、《让王》、《说剑》四篇最显)、《列子》、
《管子》、《金匮》、《山海经》、《阴符》。

5.67　诸子平议及子思子为何人所著述

清俞樾仿王念孙《读书杂著》之例，著《诸子平议》一书。
清初黄以周曾搜集《子思子》二十三篇，此其对于子学整理之功
也。

5.68　清光绪以后精于诸子学者何人

孙诒让有《墨子闲诂》，曹耀湘有《墨子笺》，王先谦有
《荀子集解》，王先慎有《韩非子集解》，郭庆藩有《庄子集
释》，此其最著者也。

第六编 文 学

6.1 何谓文学

阮芸台云："文学必沉思翰墨始名之为文。"章太炎云："文学者，有文字著于竹帛，故谓之曰文，谓其法式，谓之曰文学。"近人朱希祖云："文学须有独立之资格，文学须有极深之基础，文学须有巨大之作用，文学须有美满之精神。"

6.2 文学之分类法

实质上之分类法 {
智——历史为代表
情——诗歌为代表
意——哲学书为代表
}

形式上之分类法 {
无句读之文——图表
有句读之文——散文
能歌唱之文——诗歌
}

6.3 歌谣之起源

歌谣之起源，由于初民祭祀鬼神之颂祷，而唱"迎神"、"初献"、"再献"、"三献"、"典终"、"送神"等曲，演成咏叹之风气，以形成一般"言情"、"咏事"之普通民歌。

6.4 试述上古之文学之变迁

上古文学肇端于伏羲之书八卦，始明于黄帝之臣仓颉。古史载葛天氏之民投足以歌八阕，后伏羲时有《网罟歌》，以颂开物成务之思。神农氏有《蜡辞》，以赞利用厚生之道。黄帝时有《弹歌》，少暤时有《皇娥歌》，尧时有《康衢歌》、《击壤歌》，虞舜时有《卿云》、《南风》、《明良》、《喜起》等歌。《禹贡》、《甘誓》作于夏之史官，殷之作者有伊尹、仲虺、咎单、伊陟、微子、箕子等。周初为周公、召公、芮伯、荣伯、毕公、伯冏等。此外有《盘铭》，有《桑林祷辞》（见《荀子》）。又伯夷、叔齐作《采薇歌》；箕子朝周过殷之故墟，伤宫室之衰亡，遍生禾黍，乃作《麦秀歌》。文学在成周一代所传之《国风》、《大小雅》，实为中国民众文学最早之名著。至战国时，屈原变其体，作《离骚》，宋玉衍其绪，而益畅其旨，为后世词章之宗。散文则孟、荀、庄、韩之辩论文，亦各有其特色，为后世古文学家所效法。历史则有编年体之《左传》，纪事体之《国语》、《国策》，皆为后世史家之祖。此上古文学变迁之大势也。

6.5 三百篇中以四言诗为定式间有长短错落不拘者试举例证明之

振振鹭，鹭于飞——为三言，汉郊庙歌多用之

谁谓雀无角——为五言，后世近体诗用之。

我姑酌彼兕觥——为六言，乐府亦用之。

交交黄鸟止于桑——为七言，后世近体诗用之。

胡瞻尔庭有县（悬）鹑兮——为八言。

泂酌彼行潦挹彼注兹——为九言，后世歌谣之章稍见之。

6.6 春秋战国时文学发达之原因

（一）官吏之散失——自周衰太师挚适齐，亚饭干适楚，三饭缭适蔡，四饭缺适秦，鼓方叔入于河，播鼗武入于汉，少师阳、击磬襄入于海，老子弃史职而西出关，重黎失守而为司马。各以其道传诸其人，百家于是蜂起。

（二）封建制之破坏——自幽厉后，中央集权，渐以陵夷，封建制因之瓦解，礼乐征伐，自诸侯出。兼并之事乃肆。君主务求贤以自辅，思想解放，言论自由。

（三）世卿制之颓废——如鲁有三家，郑有七穆，齐有高国，晋有六卿，虽以孔子、柳下之圣，不能执政。七雄驰逐，而纵横长短之说兴。或解草衣而攘相位，或起跻篆而为上卿。闻风者思所建树。是故门阀破，而人才得有发展之机。

（四）流派竞争之激烈——因列国之竞争而需人才，故各学说角异斗新，臧三耳之论，大九洲之谈，坚白同异之辩，合纵连

横之策。儒之剽墨，孔之诋老，百家并起，论难相寻，自理由此出，文学自此盛矣。

6.7　儒家之文学

孔子修订六经，集上古文学之大成。《春秋》而外，作《孝经》、《论语》，赞《周易》，是孔子长于论理文也。作《龟山操》、《获麟歌》，是孔子长于韵文也。曾参作《大学》，子思作《中庸》，皆以论理文见长。孟子与荀卿皆长于论理。总之儒家之学，乏高远之思想，故其文多平实。孟子独发扬蹈厉，雄奇俊伟，横绝一世，是儒者而稍有纵横气也。

6.8　道家之文学

《老子》之文辞，简约似《论语》，当时之文章，犹有六经气息，不以放纵为高。及为老之学者，列御寇一纵。庄周起又一纵。《列子》气和文缓似《荀子》，《庄子》气横文变似孟子。儒家之文，至孟而极。道家之文，至庄而极。然儒道二家之文，毕竟不同。孟文机警灵变，庄更益以缥缈。孟文体物入微，庄更益以怪诞。故《南华》一经，猖狂妄行而蹈乎大方，后世学者皆喜读之云。

6.9　法家之文学

《管子》之文，尚平易近理。且去古不远，词多奥涩难读。及申不害、商君、韩非起，始刻深周至，纯乎法家之文。而韩非尤曲书事情，锋芒大露，然劲健有法度，亦法家文之弁冕也。

6.10　纵横家之文学

春秋战国时，尚词令，崇舌辩，而纵横之端绪开。战国初，鬼谷子更发明揣摩开阖纵横之说，苏秦、张仪师事之，而其术乃大明。其文多偏持一端，不尚折中，然纵其所之，足以颠倒黑白，淆惑听睹，亦一长也。

6.11　墨家名家兵家杂家农家之文如何

墨家之文质，名家、兵家、杂家之文碎，农家之文鄙。然兵家如《孙子》，杂家如《吕览》，其文多切理餍心，略具大体，举其一鳞一爪，亦往往非后世所可及。

6.12　词赋之起源

楚大夫屈原怀才不遇，忧谗畏讥，乃幽思冥索，作《离骚》二十五篇，导源古诗，另辟门径，名曰《楚辞》。原既遭际困穷，故多侘傺噫郁之音。然托陈引喻，点染幽芬，于烦乱瞀扰之中，具恻款悱恻之旨，得三百篇之余音，为词赋之鼻祖。其弟子宋玉及楚大夫唐勒、景差皆效之。而玉尤为杰出，所作《九辩》、《招魂》，列于《楚辞》；而《笛赋》、《风赋》、《舞赋》、《钓赋》、《高唐》、《神女》、《大言》、《小言》之属，更扬葩吐艳，蹈乎大方，为汉初学者之先导。盖词本屈原，赋祖宋玉，故世并称曰原玉。

6.13　文体原出于经试分述之

《颜氏家训》曰：夫文章者，原出五经：诏命策檄，生于《书》者也；序述论议，生于《易》者也；歌咏赋颂，生于《诗》者也；祭祀哀诔，生于礼者也；书奏箴铭，生于《春秋》者也。

6.14　试述诗体之变迁

《沧浪诗语》曰："风颂雅既亡，一变而为《离骚》，再变而为西汉五言，三变而为歌行杂体，四变而为沈宋律诗。五言起于李陵、苏武，七言起于汉武柏梁，四言起于楚王傅韦孟，六言起于汉司农谷永，三言起于晋夏侯湛，九言起于高贵乡公。"

6.15　何谓乐府始于何时立于何时

乐府始于汉初，立于武帝。乐府命题，名称不一。盖自琴曲之外，其放情长言杂而无方曰歌。步弛骤骋，疏而不滞曰行。兼之曰歌行。述事本末，先后有序，以抽其意者曰引。高下长短，委曲书情以道其微者曰曲。吁嗟慨叹，悲忧深思以伸其郁者曰吟。本其措意之意曰词，本其命篇之意曰篇，发歌曰唱，调理曰调，愤而不怒曰怨，感而发言曰叹。皆诗之变体，而总谓之乐府。

6.16 古诗十九首为何人所作

古诗十九首,非一人一时之作品。《玉台新咏》以八首为枚乘作。《文心雕龙》以"冉冉孤生竹"一首,为傅毅之辞。《渔洋诗话》则以为西京之作品。

6.17 两汉最著之文学家为谁

西汉如贾谊、晁错、扬雄、司马相如、匡衡、刘向等皆是。东汉若王充、张衡、崔骃、王逸父子、蔡邕等皆是。至于西汉之司马迁,东汉之班固,又以史学而兼文学者也。

6.18 两汉文学之比较

前汉之文庄重简古,后汉之文较典丽整赡。前汉之文多出自家锤炉,后汉之文则有剽窃模拟之迹。前汉所求在意,后汉恪守章句。前汉接迹姬赢,有豪放雄宕挥洒自由之风。后汉则俯仰揖让,有局促自守之度。

6.19 试述文景时之辞赋家

文景二帝,不尚辞赋,而辞赋之兴起,转在是时。贾谊以不得志于时,有《惜誓》、《吊屈》、《原鹏鸟》诸作,师法原玉。风气既开,邹阳、枚乘、淮南小山、严忌父子继之。贾谊、小山诸赋,尚恪守楚骚之范围,枚叔《七发》则脱胎于《天问》、《七谏》、《对楚王问》诸篇，以变化出之，跌荡怪丽，汉赋之端绪起矣。

6.20 试述武帝时之辞赋家

武帝雅好文学，故列侍左右，彬彬多文学之士，庄助最先进，朱买臣、吾邱寿王继之。武帝初读司马相如之《子虚赋》而善之，遂因左右言，召之至。献《羽猎赋》，武帝欢赏。继至者有东方朔、枚皋终军等，而相如为之魁。其《上林》、《子虚》诸赋，虽导源《高唐》、《物色》，而词藻气体实胜之。次之者朔皋也。朔词杂诙谐，皋与之同病，然特敏疾。朔文以《答客难》、《非有先生论》二篇为最善。气魄辞采不如皋，视皋为稍近正，视长卿则偶乎远矣。

6.21 汉武帝时文学极盛其原因安在

（一）社会富厚有余裕以求智识之增进。

（二）君主之好尚——

（a）中央之崇尚（武帝好文学）

（b）侯国之倡导（如楚之诗，梁之辞赋，淮南之鼓吹老庄，河间四王之鼓吹儒教皆是。）

（三）乡学之发达——自孔子讲学泗水，学者相承，教育之权，禅于草野。汉初，田何、伏生、申公、辕固等，各以其学教授生徒甚众。

6.22　汉武帝时之散文作家为谁

散文之作，如董仲舒之《天人三策》，最为理醇气正。公孙弘之《贤良策对》，亦温厚儒雅。他如主父偃之《谏伐匈奴书》，煌煌数千言，文亦疏快。徐、乐、严安之言世务，又皆整洁有度。至司马迁之文，横绝千古，亦产于是时，洵乎文学之盛，以汉武五十余年为极轨矣。

6.23　词赋之变为排偶始于何时

宣帝修武帝故事，征能为楚辞者，刘向、张子侨、华龙、柳褒等与焉。而王褒亦以逸才征。其所为文，一以排偶出之，是实上变枚马，下启崔蔡者也。故词赋之变排偶，自王褒始。

6.24　扬雄班固张衡之文如何

扬雄为文，好摹拟相如，所作《长杨赋》，与相如《子虚赋》竟同一格调。班固感前世相如、寿王、东方之徒为文，所作《两都赋》，效《子虚》、《上林》而恢张之，虽伤繁衍，固犹是相如之格调也。张衡尝拟班固《两都》作《两京赋》，研思十年。说者谓《西京》雄丽，足敌兰台，《东京》则气不足举其辞。司马流风至此，又稍衰而欲转矣。

6.25　建安七子为谁其诗文如何

鲁国孔融文举，广陵陈琳孔璋，山阳王粲仲宣，北海徐幹伟长，陈留阮瑀元瑜，汝南应场德琏，东平刘桢公幹，斯七子者，皆一世之隽，世称邺中七子。以其时当建安前后，故又云建安七子。诗文各有所长。孔融长于笔，王粲长于赋，徐幹长于论，陈琳、阮瑀长于符檄，刘桢、应场长于书记。

6.26　古今赋体分若干种

古今赋体共分五种：

（一）古赋——句法篇法，全似骚体，如《鹦鹉赋》、《思玄赋》是。

（二）俳赋——即每句相对，如《文赋》、《芜城赋》是。

（三）文赋——《楚辞》、《卜居》二篇，已为文体。《子虚》、《上林》等赋，则首尾是文，后人效之，纯用是体。

（四）律赋——既拘于沈约四声八病之说，复隔句对联以为四六，唐宋盛行，取士命题限以八韵，必以音律谐协、对偶精切为工。

（五）小赋——盖诙谐游戏之作，本于宋玉之《大言》、《小言》赋而设为问答，或纯以四言成篇，如扬雄之《逐穷赋》、左思之《白发赋》是也。

6.27　两晋之文学家为谁

晋初有阮籍、嵇康、陆机、潘岳、张华等，而左思、刘琨、郭璞亦俱以文辞名。爰及晋末，而有巨擘如陶渊明者出，其《归去来辞》，称南北绝唱也。

6.28　南北朝之文学家为谁

南北朝之文学家，在宋有谢灵运、谢惠连、范晔、鲍照，南齐有任昉、范云、孔稚圭，俱先后辉映。梁武帝博学能文，其子萧统，称昭明太子，尤词藻富丽，撰《文选》一书。沈约别四声，创四六体。徐陵、庾信之文，务以音韵相附丽，句用四六，隔句为对，名曰徐庾体。至于北朝，则鲜文辞之盛。后魏及北齐虽有温子升、邢邵、魏收等文士，然较诸南朝则大有逊色矣。

6.29　律诗及四声八病之说创自何人

律体诗始于南齐沈约声病之说，成于陈隋之间（杨素、虞世基、王胄等）。四声者，平上去入是也。八病者平头、上尾、蜂腰、鹤膝、大韵、小韵、旁纽、正纽是也。其说创自南齐之沈约。

6.30 北朝文学之三变

自两赵迄魏之太和为第一期，干戈扰攘，提倡无人，章奏符檄，尚粲然可观，体物缘情，则寂寥于世。自太和迄北齐为第二期，孝文迁洛，注意文辞，于是袁翻则才称瞻雅著有《思归赋》。常景则思标洗郁，著有《四贤赞》。温子升、邢邵、魏收继之，皆一时之杰。然河朔质实，江左清绮，自是判然。

6.31 何谓元和体宫体又诗之和韵起于何时

中唐之际，元微之与白居易并称，有元粗白俗之讥，时人号为元和体。梁简文帝之诗，文词艳丽，号为宫体。又诗之和韵，即始于白居易与元微之之酬咏。

6.32 试述唐文之三变

唐文三变者，即王勃、杨炯为一变，燕（张说）许（苏颋）为一变，韩柳为一变。《群书备考》曰：唐之文章，无虑三变。王杨始霸，如丽服靓妆，虽绮丽盈前，而殊乏风骨。燕许继兴，波澜颇畅，而声病犹存。至韩愈始以古文为学者倡，柳宗元翼之，豪健雄肆，相与主盟当时。下至孙樵、杜牧，峻峰激流，景出象外，而窘裂篇幅。李翱、刘禹锡刮培见奇，清劲可爱，而体乏浑雄。皇甫湜、白居易，闲瞻简质，每见回宫转角之音，随时间作，类之韶夏，皆淫哇而不可听者也。

6.33 唐代小说之概况

唐代小说，颇称发达，文辞既极典雅，又饶风韵，其所记载，皆为一人一事之珍闻奇谈，不出乎"传奇"之体。属于历史类者，则有韩偓之《海山记》、《迷楼记》、《开河记》。张鷟之《朝野佥载》，唐骈之《剧谈录》，李肇之《国史补》。属于社会类者，则有《唐语林》、《芝田录》，撰者姓名俱未详。义侠类则有段成式之《剑侠传》，张说之《虬髯客传》，陶雍之《英雄传》。志艳类则有元微之之《会真记》。神怪类则有薛用弱之《集异记》，李泌之《枕中记》，李公佐之《南柯记》，段成式之《酉阳杂俎》，温庭筠之《乾臊子》，陈翰之《异闻集》。是皆其最著者也。

6.34 乐府之变为长短句在何时

汉之乐府，至南朝则变为长短句。如梁武帝《江南弄》云："众花杂色满上林，舒芳耀采垂轻阴，连手蹀躞舞春心。舞春心，临岁腴中人望，独踟蹰。"沈约之《六忆》云："忆眠时，人眠独未眠，解罗不待劝，就枕不须牵，复恐旁人见，娇羞在烛前。"

6.35　宋代文学家为谁试表出之

宋朝文学大家表

姓名	字	号	诗文集	擅长
欧阳修	永叔	庐陵	文忠集	文、诗
梅尧臣	圣俞	宛陵	宛陵集	诗
苏洵	明允	老泉	嘉祐集	文
苏轼	子瞻	东坡居士	东坡全集	文、诗
苏辙	子由	颍滨遗老	栾城集	文
曾巩	子固	南丰	元丰类稿	文
王安石	介甫	临川	临川集	文、诗
黄庭坚	鲁直	山谷道人	山谷集	诗

6.36　唐宋八大家十大家之说

明茅坤本唐顺之之意，集韩愈、柳宗元、欧阳修、苏洵、苏轼、苏辙、曾巩、王安石等家之文，为《八大家文钞》，清储欣增李翱、孙樵，为十大家文集。

6.37　八家之文如何

唐宋八家文，退之如崇山大海，孕育灵怪。子厚如幽岩怪壑，鸟叫猿啼。永叔如秋山平远，春谷倩丽，园亭沼池，悉可图画；其奏札朴健刻切，终带本色之妙。明允如尊官酷吏，南面发令，虽无理事，谁敢不承。东坡如长江大河，时或疏为清渠，潴为池沼。子由如晴丝袅空，其雄健者，如天半风雨，袅娜而下。介甫如断岸千尺，又如高士溪刻，不近人情。子固如波泽春涨，虽潆漫而深厚有气力也。

6.38　试述韩柳欧曾苏王得力之处

韩愈得力太史公，柳宗元得力《离骚》，欧阳修得力韩文，苏洵得力《孟子》，苏轼得力《庄子》，曾巩得力刘更生，王安石取于韩柳，苏辙资于父兄。又姚鼐《古文辞类纂》序例云：退之著论，取于《六经》、《孟子》；子厚取于韩非、贾生，明允杂以苏张之流，子瞻兼及于《庄子》。

6.39　宋初之诗分三派各为何

宋初之诗，脱去五代余习，依摹唐人，大概分三派。王禹偁初学少陵，后学长庆，是曰白体。寇准、林逋、魏野、潘阆辈则学晚唐，是曰晚唐体。杨亿、刘筠等十七人，宗李义山，是曰西昆体。三派之中，以西昆体一派之势力为最大，其诗尚精丽，不免隐僻之讥也。

6.40　苏黄之诗如何

苏黄作而宋诗之体格遂成。东坡诗以豪放直率为主，由陶渊明、李白变化而来，气格虽不及杜，而意境神理，正复相仿。山谷学杜亦能扫除陈腐，标领新异，足为苏门四君子之冠。其诗以生硬为主，多为后人所宗，号曰江西派。

6.41　南宋之诗人

陆游、范成大皆以诗名。陆游之诗颇近白话，范成大之诗亦极自然。至杨万里之诗，则更近语体。此后徐照、徐玑、翁卷、赵师秀号为永嘉四灵，自成一派；但才力薄弱，无甚可观也。

6.42　北宋之词家

宋之于词，犹唐之于诗，帝王如太宗、徽宗，大臣如寇准、韩琦、范仲淹、司马光，多精晓音律，能制腔填词。其著者，则有晏殊父子、欧阳修，皆工艳词。晏殊有《珠玉词》，其子几道有《小山词》，欧阳修有《六一词》、《近体乐府》及《醉翁琴趣外篇》。同时有张先、柳永者，亦工艳体。张有《安陆词》，柳有《乐章集》。至东坡出，豪情胜概，天机洋溢。晁无咎词亢爽磊落，而力量稍逊。黄山谷词则粗鄙矣。秦少游词与苏不同派，而清远婉约。贺铸之词亦以幽艳见称。然能体兼众美，称霸一时者为周邦彦，著有《清真集》、《片玉词》，实北宋词家之结局，南宋词家之先导也。

6.43　南宋之词家

词至南宋，始极其盛，辛弃疾之《稼轩词》，悲壮激烈，温柔敦厚，学之者有刘过、蒋捷，然不免剑拔弩张，袭貌遗神矣。张安国、刘克庄，则又其继起者也。学周秦者，以姜夔为最著，王沂孙足与之抗。姜格高，王味厚，各有所长。史达祖其次也，吴文英、张炎又其次也。陈允平次于吴张者也。周密、高观国又次于允平者也。此派最为正宗。

6.44　宋代小说概况

宋以前之小说，皆系文言，且尚丽藻，极为秾艳绮丽。至宋代，则此风渐变，而倡白话小说，且《永乐大典》有"平话"一门。盖自仁宗以来，国家无事，于是令臣下日进一奇怪之事以为娱乐，此当时 "平话"之所以盛行也。最著者为《宣和遗事》、《五代平话》及李昉之《太平广记》。此外鬼怪体有洪迈之《夷坚志》，何薳之《春渚纪闻》、徐铉之《稽神记》、吴处厚之

《青箱杂记》、王巩之《闻见近录》。杂记体有欧阳修之《归田录》、司马光之《涑水纪闻》、邵伯温之《见闻录》、周密之《武林旧事》、《齐东野语》、叶梦得之《石林燕语》。志艳体有乐史之《杨太真传》、张邦基之《侍儿小名录》。此其最著者也。

6.45　试述南北词不同之点

词有南北之分，南词以警丽为主，宗《花间集》（赵崇祚辑）。北词以豪壮为主，宗仰东坡。

6.46　何谓金院本

两宋戏剧，均谓之杂剧，至金始有院本之名。院本者，《太和正音谱》云，行院之本者。行院者，大抵金元人谓倡伎所居，其所演唱之本即谓之院本云云尔。金元皆有之。

6.47　元代南北曲之分别及其创作

戏曲有南北之分。盖金元入主中国，其所用为胡乐，其音嘈杂而凄紧，故中国人所为词，不能入北人之耳，乃有别创新声者，是为北曲。而中国人亦不惯听北曲之音，遂亦创新体，是为南曲。董解元之《西厢记》为北曲开山，高明之《琵琶记》为南曲开山。

第六编　文　学

145

6.48　元代戏曲家为谁各有何著作

（1）关汉卿——《拜月亭》、《救风尘》

（2）高文秀——《双献功》

（3）郑廷玉——《后庭花》

（4）白仁甫——《梧桐雨》

（5）马致远——《黄粱梦》、《岳阳楼》、《青衫泪》

（6）吴昌龄——《风花雪月东坡梦》

（7）王实甫——《西厢记》

（8）武汉臣——《玉壶春》

（9）萧德祥——《杀狗劝夫》

（10）萧简夫——《破家子弟》

（11）乔梦符——《金钱记》

（12）郑德辉——《倩女离魂曲》

（13）施君美——《幽闺记》

6.49　元曲之价值

　　元曲之佳处何在？自然而已矣。盖元曲之作者，其人均非有名位学问也。其作曲也，非有藏之名山传之其人之意也。彼以意兴之所至为之，以自娱娱人，思想之卑陋，所不讳也；人物之矛盾，亦所不顾也。彼但摹写胸中之感想与时代之情状，而真挚之理与秀杰之气，时流露于其间，故谓元曲为中国最自然之文学，无不可也。其文章之妙，在有意境，写情则沁人心脾，写景则在人耳目，述事则如其口出。且古代文学之形容事物也，率用古语，而元曲则多用俗语，或以自然之声音形容之，此自古文学上所未有也。如马致元《黄梁梦》第四折云："你则早醒来了也么哥"即其例也。

6.50　小说与传奇之分别

传奇初与小说同。如唐裴铏有《传奇》三卷，其实皆小说也。至宋元以后，始专属之院本亦名杂剧，即元曲是也。盖取法演义小说之体，而又加以词曲也。其体例微与小说不同。然当时院本、杂剧以四出为度，曲亦四折。其后往往有四五十折者。其韵脚亦可屡换。于是前者为杂剧，后者为传奇。如《琵琶记》、《燕子笺》皆传奇也。其异于小说者，除说白以外，更有可唱之曲，且可扮演。

6.51　元代小说发达之原因

（一）因为宋儒语录，多用白话，至元代尤盛。

（二）蒙古入主中国，对于中原文学毫无基础，廷论皆系俚句俗语，一般学者，多迎奉王意。又其取士，有填一科，学者皆舍诗歌纪传，而专事于传奇演义，此白话文学之所以得盛于当时，而小说亦得以突进也。

6.52　元代四大杰作为何

施耐庵之《水浒传》、罗贯中之《三国演义》、董解元之《西厢记》、高则诚之《琵琶记》，称为元代四大杰作。

6.53　何为小说中之四大奇书与唐宋小说有何不同

元施耐庵之《水浒传》、罗贯中之《三国演义》、明吴承恩之《西游记》与王世贞之《金瓶梅》，称为小说中之四大奇书。其与唐宋小说不同者，即由文言变为白话，由短篇小说变为长篇章回小说，由杂记体变为有统系之纪事耳。

6.54　明代前七子与后七子各为谁

李梦阳、何景明、徐桢卿、边贡、康海、王九思、王廷相号为前七子。李攀龙、王世贞、徐中、徐宗臣、吴国伦、梁有誉、谢榛号为后七子。前者以李梦阳为首，后者以李攀龙、王世贞为著。

6.55　何谓台阁体

明代杨士奇、杨荣、杨溥等三人，俱通儒术，练达事机，历事四朝，宠任丰隆，主持文坛者凡数十年。所作诗文，时人递相摹拟。以三人皆曾入阁，故号其文为台阁体。

6.56　何谓公安体竟陵体

公安体者，明代公安人袁宗道、袁宏道、袁中道兄弟所作诗文之体也。宗法眉山，趋重清真，力诋王李，以轻巧易其板重，以本色变其粉饰。然矜持小慧，不复学问，尚不如七子之赝古，犹有复古之功也。竟陵体则系竟陵人钟惺、谭元春所倡，所作诗文，趋重幽峭，惜失之僻涩耳。

6.57　明代之戏剧及小说

明代戏剧家有汤显祖、沈青门、陈大声等。汤著有《邯郸梦》、《紫钗记》、《南柯记》、《杜丹亭还魂记》等书，就中《牡丹亭还魂记》最为杰作。至小说方面，则更弱微，有吴承恩之《西游记》，王世贞之《金瓶梅》、郭勋之《英烈传》、钟伯敬之《开辟演义》。

6.58　清代文学兴盛之原因

（一）士林之风尚——自前后七子振兴古学，王、唐、归、艾继之，提倡唐宋；文学复社（张溥）、几社（夏允彝）亦继之，提倡汉魏文学。前清初年之文学家，大率多朱明遗老，一朝风尚，遂由是而开。

（二）朝廷之倡率——满人入关，东南人士，多起兵反对，或隐匿山林，以示不服。于是康乾两朝，或崇宋学，或崇汉学。又两开博学鸿词科，以网罗遗逸，鼓舞人才，而文学由是大兴。

6.59　清代词理并盛之原因

（一）国势之影响——凡历代之外族，所谓匈奴、突厥、鲜卑、蒙古者，至前清则东自高丽，西迄葱领，北自西伯利亚，南极交趾，皆熔冶于一炉，影响所及，文学亦不复分畛域。

（二）学术之关系——自汉迄唐尚经学，故其文尚词。自宋迄明尚理学，故其文尚理。前清既沿前代风气而重理学，亦沿明末黄宗羲、顾炎武诸老生之学术风尚而重经学。故尚词、尚理两派之文学并盛。

6.60　清初古文家为谁

清初古文家，以侯方域、魏禧、汪琬三家为最著。雪苑初好六朝文，既而致意于韩欧之学。冰叔宗法老苏，凌厉雄杰，与雪苑皆有明遗逸也。尧峰根柢六经，出入庐陵、震川，而才气不逮，醇而未肆。故论者谓方域为才人之文，禧为策士之文，琬为儒者之文也。

6.61　桐城派与阳湖派之梗概

清康熙末，方苞、刘海峰为古文，皆名辉于时。其后姚鼐从海峰游，用其说，崇奉归有光而上溯欧曾，为入室弟子。学者翕然宗之，衣钵相承，递相流衍，学布天下，实清代古文之正宗。以方刘姚三人皆桐城人，故号为桐城派。其时有钱鲁思者，亦从海峰问业，每以海峰之说称于阳湖恽子居、武进张皋文，二人善之，遂尽弃其声韵考订之学而从事古文。于是阳湖之古文特盛，号曰阳湖派。按桐城派深于法，为儒士之文。阳湖派长于才，为策士之文，其面目稍有不同耳。但阳湖派之嗣起者，皆渐习于空虚，徒具面目，万首雷同，故当时学者，多厌弃之也。

6.62　桐城派之方式和禁忌

（一）官名、地名应用现制。

（二）亲属名称应仍《仪礼》丧服、《尔雅》丧服之旧。

（三）凡所涉笔，皆有六籍之精华。

（四）非阐道翼教、有关人伦风化者不苟作。

（五）不可入语录中语、魏晋六朝藻丽俳语、汉赋中板重字法、诗歌中隽语、南北史佻巧语。

6.63　方望溪刘海峯姚姬传之文如何

桐城学派，望溪、海峯倡之于前，姬传推衍于后，皆一代之杰也。论者谓望溪之文质，恒以理胜。海峯以才胜，唯姬传理与文兼，盖至言也。

6.64　古文辞类纂之选辑法

自《萧统文选》立法，不著经史子之文，姚姬传亦承此例，沿袭不改。其《论辨》类云：今悉以子家不录，录自贾生始。《序跋》类云：不载史传，以不可胜录也。《奏议》类云：其载《春秋内外传》不录，录自战国以下。

6.65　古文辞类纂之分类法

《古文辞类纂》分文体为十三类曰：论辨类、序跋类、奏议类、书说类、赠序类、诏令类、传状类、碑志类、杂记类、箴铭类、颂赞类、辞赋类、哀祭类是也。一类之中，而为用不同者，别之上下编云。

6.66 试述古文辞类纂之价值

吴挚甫谓：六经可以不读，《古文辞类纂》不可不读。读《古文辞类纂》胜于读六经。研究此书，可读吴挚甫《古文辞类纂评点》，并附有诸家评识，别有吴之《古文辞类纂校勘》一书，亦为善本，不可不读也。

6.67 曾文正公所选十八家诗钞为谁

（1）曹植字子建，三国谯人。魏武帝之次子。

（2）阮籍字嗣宗，三国陈留人。瑀之子也。

（3）陶潜字元亮，又名渊明。晋浔阳柴桑人。

（4）谢灵运，南朝宋阳夏人。玄之孙，尝袭爵康乐侯。

（5）鲍照字明远，南朝宋东海人。仕为临海王参军。

（6）谢朓字玄晖，南朝齐阳夏人。曾为宣城太守。

（7）王维字摩诘，唐太原人。曾为尚书右丞。

（8）孟浩然，字浩然，唐襄阳人。隐居鹿门山不仕。

（9）李白，字太白，唐成纪人。

（10）杜甫，字子美，唐襄阳人。

（11）韩愈，字退之，唐南阳人。

（12）白居易，字乐天，唐华州下邽人。著有《长庆集》。

（13）李商隐，字义山，唐河内人，世称其诗为西昆体。

（14）杜牧，字牧之，唐万年人，著有《樊川文集》。

（15）苏轼，字子瞻，号东坡居士，宋眉山人。

（16）黄庭坚，字鲁直，号山谷，宋洪州分宁人。

（17）陆游字务观，号放翁，山阴人。著有《渭南文集》、《剑南诗钞》。

（18）元好问，字遗山，金秀容人，著有《遗山集》、《中州集》。

6.68　何谓湘乡派

湘乡派起于曾国藩。曾文由桐城入手，其后自成一家，以张裕钊、吴汝纶、薛福成、黎庶昌为四大弟子，称湘乡派。

6.69　经史百家杂钞为何人所选且依何标准

《经史百家杂钞》为曾国藩所选。选文约八百篇，共分十一类；每类必以六经冠其端，史传诸子之文录之甚广，与姚之选本，颇有不同。其所选古文，分为四象，曰太阳气势，曰少阳趣味，曰太阴识度，曰少阴情韵。

6.70　清代之骈文家为谁

清代之骈文家以毛奇龄、胡天游、吴兆骞、陈维崧、邵齐焘、孔广森、孙星衍、洪亮吉、吴锡麒、曾燠、阮元、陈其年、汪中等为最著。

6.71　清初之诗家为谁

清初钱谦益、龚鼎孳、吴伟业称为江左三大家。至王士祯以神韵之说主诗坛之盟者五十余年，名望倾动天下。当时差可齐名者，为朱彝尊、查慎行、施闰章、宋琬。朱彝尊肆力古学，其为诗牢笼万有，与王士祯并峙，为南北二大宗。乾隆中，袁枚、蒋士铨、赵翼称三大家。洪亮吉尝论之曰：袁如通天神狐，醉便露尾。蒋如剑侠入道，尚余杀机。赵如东方正谏，时带谐谑。由此可知三家之特色矣。此外沈德潜为江南之老名士，少受诗法于叶横山，讲究格律，清高宗最爱其诗，恩赏优异，前后受御赐诗至四十余首。

6.72　乾嘉以后之诗家为谁

乾嘉以后之诗家，除沈归愚外，有大兴舒位、秀水王昙、昭文孙原湘，并称为三君。此外四川有张问陶，常州有黄景仁、洪亮吉、杨芳灿、杨揆，江西有曾燠、乐钧，浙中有王又曾、吴锡麒、许宗彦、郭麐，岭南则有冯敏昌、胡亦常、张锦芳。后张锦芳又与黄丹书、黎简、吕坚为岭南四家，大率皆学唐人之诗者。

6.73　清人所选之诗文集以何者为最善

诗集有王士祯之《古诗选》、沈德潜之《古诗源》、姚鼐之《今体诗钞》、曾国藩之《十八家诗钞》，皆为精粹之选。文集则有《古文辞类纂》、《骈体文钞》、《经史百家杂钞》、王氏黎氏之《续古文辞类纂》，皆精选之本也。

6.74　试述清代之戏曲

　　清初之戏曲界著名者，则有吴伟业之《秣陵秋》，尤侗之《钧天乐》，李渔之《怜香伴》、《风筝误》等十种曲，洪昉思之《长生殿传奇》，孔尚任之《桃花扇传奇》、《小忽雷传奇》。后有顾天石者，又成《南桃花扇》一剧。清高宗好戏曲，命张照制诸院本以进。而蒋士铨之《红雪楼》、《香祖楼》等九种曲，夏惺斋之六种曲等，亦接踵出现。又杨观潮之《风风阁词曲谱》，亦皆本诸史册加以润色，堪称佳品。批评方面则有李调元及梁延枬之曲话之类，亦大有可观。

6.75　中国戏曲有何特色

　　中国之戏曲有三种特色：
　　（一）有歌曲
　　（二）有作科（即表演，伶人行动曰科）
　　（三）有宾白

6.76　清代之小说著述

　　小说至清代而益盛；然创刊之作，实不多觌。除曹雪芹之《红楼梦》及吴敬梓之《儒林外史》外，率为模仿之作。如
　　仿《水浒》而作者：《儿女英雄传》、《施公案》、《彭公案》、《七剑十三侠》、《七侠五义》。

仿《儒林外史》而作者：《官场现形记》、《廿年目睹之怪现状》。

仿《西游记》而作者：《镜花缘》。

仿《三国演义》而作者《隋唐演义》、《岳武穆传》、《东周列国志》。

仿《金瓶梅》而作者《海上花列传》、《九尾龟》、《海上繁华梦》、《隔帘花影》。

仿《红楼梦》而作者：《花月痕》、《泪珠缘》。

6.77 清代杂记体之小说为何

鬼怪类有蒲松龄之《聊斋志异》、纪晓岚之《阅微草堂笔记》、王渔洋之《池北偶谈》、袁子才之《子不语》、施可斋之《萤窗异草》、乐钧之《耳食录》。札记类有薛福成之《庸庵笔记》、张山来之《虞初新志》、《俞曲园》之《春在堂随笔》、王渔洋之《香祖笔记》、史梧岗之《西青散记》。志艳类有余淡心之《板桥杂记》，王韬之《淞滨琐话》及《吴门秦淮扬州画舫录》等。

编者赘言

国学的兴起与现代史上的白话文运动时间相近。西学东渐，清王朝最终于1905年废止八股取士，于是，绵延了一千余年的科举考试制度寿终正寝，清廷设立学部，各省的学政改为提学使，书院也纷纷改为新式的学堂。其实，早在三年前，清廷即已开经济特科，试题限于内政、外交、理财、经武、格致、考工六项，分明以新学为鹄的，旨在富国强民，阅卷大臣即是首倡"中学为体、西学为用"的张之洞。然而嗣后不久，国学大师章太炎即率先在东京的寓所开讲《说文解字注》、《尔雅义疏》，其时听讲的有鲁迅兄弟、许寿裳、钱玄同、朱希祖等留东的俊彦。及至20年代，章太炎的《国学讲演录》刊行于世，清华研究院也出现了梁启超、王国维、陈寅恪、赵元任等主持国学讲席的盛况。看来在第一流学者的眼中，中学西学、新学旧学都应融会贯通，何能偏废。

所谓国学，也就是中华五千年文明传统的学问，大致说来，它以先秦经典和诸子百家为根基，下及两汉经学、魏晋玄学、隋唐佛学、宋明理学和同时期发展起来的汉赋、六朝骈文、唐宋诗词、元曲与明清小说，以及历代史学等一套完整、宏深的文化学术体系。这学问是深湛的，它像黑眼睛、黄皮肤一样规定着整个中华民族的心理与个性；这学问又是浩瀚的，若非得其方法、门径，恐怕很少有人能一窥其际涯。为此，我社将陆续推出一批通俗、浅近的国学入门书，旨在弘扬传统和民族复兴的大业中稍稍尽一份责任。

另外，由于编辑这套丛书时间仓促，其中有些作者未能及时联系到。亟望作者及后人见到书后能及时与出版社取得联系，我们将按照规定付给稿酬。

2017 年 10 月